幸福关系
实践课

刘以飞 著

北京时代华文书局

有态度的阅读
小马过河（天津）文化传播有限公司出品

目 录

01 任性式恋爱法 \ 001
02 没有你在，好无聊哦！ \ 002
03 留一盏灯让他修 \ 004
04 不关我的事？ \ 006
05 比男人大赛 \ 008
06 碗可以等，爱不能！ \ 010
07 生有用的气 \ 012
08 别让男人花你的钱？ \ 014
09 爱中爱 \ 016
10 五十分男人 \ 019
11 不如意的男人也是你的天使 \ 021
12 爱你才让你吃第一口 \ 023
13 钥匙与锁头之恋 \ 025
14 你是需要，还是想要被爱？ \ 027
15 爱情恍神中 \ 029
16 说谎比较简单 \ 031
17 男人开箱文 \ 033
18 当女人的好处 \ 035
19 爱上一个人的原因 \ 037

20	恋人是一种副业	\ 039
21	有些事，还是笨点好	\ 041
22	最狠的一招	\ 043
23	在银行下象棋的超人	\ 045
24	倒追没好下场?	\ 047
25	当爱遇到下雨天	\ 049
26	爱情的手表定律	\ 051
27	牛排遇上爱	\ 053
28	不选择就是一种选择	\ 056
29	爱的求救信	\ 058
30	人人都有事业线	\ 060
31	爱情证照	\ 062
32	拖戏女王	\ 063
33	跟乔布斯学挑对象	\ 065
34	单身比较好?	\ 067
35	前男友的喜帖	\ 068
36	忽长忽短的爱	\ 070
37	男人的性价比	\ 072
38	哪个阶段才算劈腿?	\ 074
39	女人的美丽是男人的责任	\ 076
40	把爱当成全部……	\ 078
41	温柔签收簿	\ 080
42	一丝不挂的爱	\ 082
43	过激逼退男人	\ 084
44	不怕三六九	\ 086
45	爱的度量衡	\ 087
46	会哄人的比会爱人的吃香?	\ 089
47	没有结局不是好爱情?	\ 091

48	爱不是国王的新衣	\ 093
49	纹丝不动的爱	\ 095
50	强酸情人	\ 097
51	已婚女的约会	\ 099
52	明日的爱情	\ 101
53	购物沟通法	\ 103
54	爱情精算师	\ 105
55	网搜一下你的男人	\ 107
56	你的爱情，姊妹做主？	\ 108
57	美丽不是幸福的门票	\ 111
58	女人的男人品位	\ 113
59	为什么他总是说得到，做不到？	\ 115
60	爱情要互"晾"	\ 117
61	找出他的爱情死穴	\ 119
62	前男友的老婆	\ 121
63	爱情不是比烂大赛	\ 123
64	珍惜为你吃醋的人	\ 125
65	你的爱情开分享了吗？	\ 127
66	爱打嘴炮的男友	\ 129
67	劈腿是因为不想伤害你	\ 131
68	胡聊不如真心话	\ 133
69	还没开始就已经结束	\ 135
70	容易恋爱的体质	\ 137
71	需要时才爱我	\ 139
72	愿意给承诺的才是好男人吗？	\ 140
73	期待浪漫却懒得浪漫	\ 142
74	第二顺位的最爱	\ 144
75	自我嫌弃的爱情	\ 146

· 3

76	男人都怕败家女?	\ 148
77	是对你还是对你的专业感兴趣?	\ 150
78	爱情可以试吃吗?	\ 152
79	冤家才是绝配?	\ 154
80	被依赖也是爱	\ 156
81	错在自己太完美	\ 158
82	不婚家族	\ 160
83	台湾女生的温柔	\ 162
84	没有巴黎,八里也可以!	\ 163
85	不陪你逛街,就是不爱你?	\ 165
86	没有必要装大方	\ 167
87	一步登天的爱情	\ 169
88	愈寂寞愈想谈恋爱	\ 171
89	我不要当处女座啦!	\ 173
90	爱不要崇拜	\ 175
91	降低标准不代表随便	\ 177
92	每个女人都有公主命	\ 179
93	爱我就不该叫我减肥!	\ 181
94	爱把缺点变优点	\ 183
95	你心目中的王子	\ 185
96	把他的缺点想一遍	\ 187
97	相爱的语言	\ 189
98	还没分手吗?	\ 191
99	女人不该太完美!	\ 192
100	最残酷的敌人	\ 194
101	劈腿的前兆	\ 196
102	等待不值得点赞	\ 198
103	没有女人不拜金?	\ 200

104	爱上窝囊男	\ 202
105	令人厌烦的女人	\ 204
106	幸福的人是少数	\ 206
107	最贵的男人	\ 208
108	暧昧的种子	\ 209
109	男人的软件	\ 211
110	大龄女士和房子	\ 213
111	同居的好朋友	\ 215
112	这样爱他错了吗?	\ 216
113	习惯有人陪	\ 218
114	公主不是病	\ 220
115	你的爱情,谁说了算?	\ 222
116	不要对他太好!	\ 224
117	我"可能"不会爱上你!	\ 226
118	聪明人谈笨恋爱	\ 228
119	"合法情人"	\ 230
120	男人爱发火	\ 231
121	女人的嫉妒心	\ 233
122	单核心男人	\ 235
123	旧情人的赞美	\ 237
124	原谅劈腿男	\ 239
125	面子重要,还是情人重要?	\ 241
126	已婚女不伦的理由	\ 243
127	干吗那么认真?	\ 245
128	一见钟情与日久生情	\ 247
129	爱一个人就该义无反顾?	\ 249
130	大哥的配合度	\ 250
131	不承诺的男友	\ 253

132	幸福没有那么难!	\ 255
133	抬头爱我!	\ 257
134	给永不放弃的你	\ 259
135	从女神变女佣	\ 261
136	爱情焦虑症	\ 263
137	分手后的算术	\ 266
138	你,比你想象的更值得被爱!	\ 268
139	开放式婚姻	\ 270
140	以交往为前提	\ 272
141	他活该爱你?	\ 275
142	最心动≠最合适	\ 277
143	医美美不了爱情	\ 279
144	爱,要能相依!	\ 281
145	耳根子太软,严禁恋爱!	\ 283
146	长发、老师、皮肤白	\ 285
147	电扇控与购书狂	\ 287
148	懂,是更深的爱!	\ 289
149	光有漂亮还不够!	\ 291
150	上一次的赞美	\ 292

01　任性式恋爱法

和老公刚开始交往的时候，我大胆地采用了新的恋爱法，学会了任性。

老公常说我任性，我每次听到都很开心。在男人面前毫不任性、只会讲道理的女人，得不到男人真正的爱。

在老公面前，我非常幼稚，把手表戴在脚上，跟他抢吃一个布丁，开车出去的时候沿途拍他的侧脸，生气的话就趁他睡着，用笔在他身上画小猪。

其实，我的任性是被老公教出来的。过去我是个特别理智的女人，在前男友吃醋的时候还能冷静地吃完饭再处理，生气的时候不吵架，安静地等他发完脾气，回到家还能写封电子邮件指出他的逻辑谬误。我总是用头脑谈恋爱，扮演着体贴懂事的那一方，结果惨败。

刚认识老公的时候，我已经对爱情不抱什么希望了，便大胆选择了新的恋爱法，遇到问题，自暴自弃，任由脾气蔓延，想生气就生气，不耐烦就走开，觉得沮丧就哭出来……我已经累了，不想扮演男人眼中完美的女人。即使因为我脾气不好、很难相处而分手，我也认了，反正原本就不抱希望，失去了也就算了。

有次发完脾气，我想这下一定完蛋了，他绝对受不了我，没想到带来惊喜。

"你可以稍微失控一下没关系。"他没有这样说,但他的眼神流露出这种气息,鼓励着我。或许是我平日很冷静,在他面前的失控让他觉得有趣,或是……我的任性反而使他感受到他在我心中的特殊地位,又或者我任性的举止让他发现不管外表多强悍,工作多能干,骨子里我仍是个活生生、有弱点的人,而且是女人。

于是我发现,原来男人要的不是讲道理的女人,而是"某些时候"不讲道理的女人。例如,和他单独相处的时候、讨论吃醋问题的时候、想见他的时候……如何掌握什么时刻是"某些时候"才是一种理性的判断。

任性比讲道理简单多了,不必思考太多,想亲他就主动上前一步,怀疑他喜欢上别人就问他,觉得他让你受委屈了就说出来,我想能够接受这么真的你,才是真的爱。

私房秘语:理智地挑男人,任性地去爱。

02 没有你在,好无聊哦!

要取得五点回家的许可证,总价值是九万元,送老婆去香港度假,住顶级酒店、吃美食,再刷五万多元买包包。

Karl每天的QQ个性签名会害死人,动不动就是"昨天又喝到凌晨五点""周六的品酒会准备通宵吧"……让有女友、老婆的男人羡慕不已,觉得 Karl 结了婚却比单身的他们还自由。

连老公这种不爱喝酒的男人也说:"为什么他能喝到五点才回家?他老婆人真好。"

"什么样的女人能接受凌晨五点才回家的男人?"我非常好奇。

"我无法忍受天亮才回家的男人,不管什么理由。""我的门禁是晚上十二点。""除非我也跟着一起去,否则晚上十一点以前一定要到家,我会打电话给他,晚一分钟接都不行。""我的标准比较宽松,要看他去哪里、跟谁、干什么来定回家时间。"姊妹纷纷发言,我这才知道不管交往多久、有没有结婚、是不是住在一起,几乎每对恋人都有门禁。

"为什么我们之间没有门禁?"看到别人有,我却没有,难免若有所失。

"别想了!不常用的东西表示不需要。"老公总是很实际。

的确,大多数时间,我们同进同出,一起赴约,也一起回家,就算时间很晚,也不需要门禁。

"一个人去好无聊,你陪我啦!"我常这么说。

"你不想去哦?那我们都不要去吧!"老公则常这么说。

有时我们会一起出门,赴各自的约,分开聚会,再约好一起回家。开车回家的路上,我们会做刚才聚会的精华摘要,把最好笑的话、最有趣的事情各自说一遍给对方听。像写日记一样,我们喜欢并习惯分享一切生活点滴。

朋友笑我和老公在一起之后,变得很黏,有些亲密的朋友还会笑我的老公很黏。然而,我们彼此都知道这不是黏,因为"没有你在，好无聊哦……"没有人比他更懂我的笑点，没有人比我更了解他没有说出口的语言。

昨晚我遇到 Karl，他笑着解答："要取得五点回家的许可证很简单，总价值是九万元，送老婆去香港度假，住顶级酒店、吃美食，再刷五万多元买包包。"

"可我比较希望两个人一起喝到五点，然后一起去香港，买包包就好。"

> 私房秘语：真爱不怕你黏，重点是你的"黏"是否让你们的爱更黏、更紧密。

03　留一盏灯让他修

恋爱和依赖像咖啡和牛奶，本质是不同的，可以加在一起，也能分开享用。天底下没有喝咖啡一定要加牛奶的道理，当然也没有谈恋爱一定要依赖的关系。

和老公在一起之后，我成了没有脚也没有钱的女人。和他交往之前，明明可以默背出地铁路线和美食地图，现在却成了没有他接送，就不知道百货公司怎么去的人。因为每次都有他接，索性连钱包也不带了，这习惯即使到北京、曼谷去也没改，身上一毛钱都没有，朋友笑我不怕和老公走失吗？

坦白说，我向来不是这么依赖的人，自己能做的事绝对不麻烦别人，可以自己回家，不需要男人送；能够自己付钱，不必让男人请客。我是独立自主的女人，不必依靠男人而活，当然也不必依赖恋爱。尤其在工作上，我往往被贴上聪明能干的标签，似乎工作伙伴都认为我应该很清楚如何面对挫折、处理难题，这样的我完全没有求助的习惯，即便在爱情上。

刚和老公交往的时候，我觉得这个男人很奇怪，我和别人出去玩，他为什么要打电话给我，说要来接我回家呢？我自己有脚、有钱可以回家，不需要他费事吧？我可以独力完成的事，不需要他帮忙吧？他是没事干，还是占有欲强？

"就算真的不需要我，也可以偶尔假装很需要我的样子吧，这样我才有戏。"他微笑回答。

那一瞬间我才发现过去的恋爱都是怎么完蛋的！

不需要别人的女人，没有让男人展现爱的机会，剥夺了他爱你的权利。

铺设一个舞台，让他为你表演，也是一种爱的义务。

即使会修电灯，也要留一盏灯让他修，并且在电灯亮起之时，大力为他鼓掌。即使他能为你做的事，你都会做，还是要留给他一点为你表现的机会，不要急着自己动手。

有人说这样太依赖，不是好事。恋爱和依赖像咖啡和牛奶，有人喝咖啡不加牛奶，也有人觉得加了牛奶才好喝，还有人认为喝咖啡怎能没有牛奶，谈恋爱怎能不依赖？

但我以为咖啡和牛奶本质是不同的，可以加在一起，也能分开享用，就像恋爱和依赖，绝非蛋白和蛋黄必须时刻绑在一起的关系。

你可以依赖，可以独立，但别忘了要多留一盏灯让他修，即使他得上网搜索才知道怎么修。

> 私房秘语：留愈大的舞台给男人表演，你就愈轻松省事，只要在旁边负责鼓掌就好。

04　不关我的事？

A："虽然我爱你，但你的事是你的，不关我的事。你自己决定就好！"

B："因为我爱你，你的事就是我的事，当然要一起决定。"

难得的姊妹聚会，Janice照例花了半个钟头抱怨男朋友，这回的主题是男朋友想换工作，打算到香港发展，却没问过她的意见。

"以飞，你说他是不是很过分？"Janice像讲完课还点名台下同学答题的老师，一脸严肃地看着我。

"要不要换工作是他的事，和你无关吧！他想怎么做就怎么做，你管那么多干吗？哦，真是太好吃了！"我边享用蜂蜜吐司边说。

"可是，他在和我交往耶，他的事不就是我的事，怎么会和我无关？为什么我不能管？"我忘了 Janice 不是好惹的家伙，她可是拥有两个硕士学位的。

"要是他的每件事你都有权过问，他还是你的情人吗？是你儿子吧！Janice 老妈！"我说完便把汤匙上的冰淇淋舔干净。

其实我早就看 Janice 不顺眼，无论跟谁交往，都能找出抱怨点，一边骂还一边爱着，让姊妹不知道该讨厌她男朋友还是讨厌她。

"怪了！我为什么不能管他？我爱他呀！爱把我们两个人紧紧结合在一起，他换工作也会牵动我的生活，这么大的事，为什么我不能参与决定？"Janice 反驳。

我完全理解 Janice，我也曾这么想。爱情把不同的两个人变成一体，就像两人组成的偶像团体，对观众来说是同一件事。你做的任何决定都会影响我，我想的每件事都跟你有关系，这样才叫在一起嘛！于是，不管是想换工作还是想买新沙发、车子里播放的音乐和午餐吃什么，都希望能两个人一起决定。然而，他仍擅自决定离开我，没有问过我的意见。

他的决定让我明白，爱从来不是两个人能一起决定的事，没有那么简单。若是一个人真的爱你，他做的任何决定都会把你考虑进去。若他不爱你，你过问他再多，他都认为不关你的事，你无权干涉。

而遇见老公之后，我又有了新的体验。他让我做自己，而不是做他想要的那个女人。不管我想干吗，他总是支持和鼓励。对于我的所言所行，鲜少批评和泼冷水。自然而然，我也学会了放手和尊重，学到如何在爱情里一边维持亲密，一边保有自由。

爱不是捆绑，想怎么决定，都是他自己的事。现在的我，最常跟老公说："你想怎么做就怎么做，你决定就好。"相信他的每一个决定都已经包含了我，还有爱。

"听你这么说，我应该要换一种想法还是换一个男人？"Janice 问。

"随便你，你决定就好。"我回答。

> 私房秘语：你不是神！别以为爱他就拥有干预他人生的权利。

05　比男人大赛

幸福不是你拥有多少，而是你是否真的明白你拥有多少。

每次的姊妹淘聚会都像比男人大赛，不是比谁的男人好，而是比谁的差。

"我男友什么都好，开好车，领高薪，但是，就没你男友那么体贴，唉……我运气真差。"小 V 又羡又妒地看向 Kathy。

"我的男友是很体贴没错，可是，一点上进心都没有，别的老师都去考研究所，拿了学位好加薪，他还是每天瞎混，领一份不多不少的死薪水。"Kathy 叹了一口好长的气。

"你男友当老师多好，不像我的，说是自由电影工作者，还真好听，说穿了不过是工作不稳定又没劳保的无业游民。"仿佛接力，Doris 接过 Kathy 的棒子，把自己的男朋友比下去。

"比来比去还是以飞的老公最好,会做家事又会赚钱,体贴又大方,你真是赚到了!""就是嘛,像她脾气这么差的人,居然能嫁到那么好的老公,真是狗屎运!"毫无意外的,姊妹枪口一致地瞄准我,我默默忍受众人的反击,忍不住打了一个大哈欠。

　　对,真的很无聊,虽然定期参加姊妹淘聚会是维系友情的不二法则,不过,每次的比男人大赛真难熬。不管开头如何,终场一定会转到我身上,然后大家一起露出带敌意的眼神,羡慕我有一个好老公。我老公是个神话,周遭的人对我脾气那么差,却能捞到一个好老公啧啧称奇。

　　"造神运动"在爱情上有奇效。我老公在姊妹淘的心目中宛如天神一样伟大,原因很简单,我从不说老公的坏话。每次聚会,我总是说老公的好,所以姊妹淘对他全是好印象。的确,我老公是挺不赖的,说到优点起码有一百项,但缺点也不少,不过,我向来忽略后者。

　　我以为天底下没有一百分的男人,没有哪个男人完美无缺。你可以选择去看他的缺点,不断放大,说服自己他有多糟,你的运气有多背;也可以盯着他的优点,相信他明天会比今天更好,笑着说自己有多幸福。这是一种选择,代表你对爱情的态度,对幸福的定义。

　　很多人的幸福是遇到好男人,勾选完成一长串的愿望清单;但我以为的幸福是每天数一遍你拥有的,跟一个不怎么完美的男人,携手打造一个不怎么完美却彼此珍惜的人生。

　　"我非常确定幸运的是我老公,才能娶到我。"我对姊妹淘说。

私房秘语:幸福不必比较,总是去和别人比较的不会幸福。

06 碗可以等，爱不能！

今天的碗等到明天再洗也不会死，亲吻却不能等到明天。

"每次我在工作，他就要来捣乱，不是毛手毛脚，就是想做那件事……"要不是我全程专心在听，会以为小V在抱怨办公室哪个色狼，而不是她男朋友。

"没错！男人就是这样，每隔三秒钟就想到性。"Kathy拍拍小V的肩，安慰她。

"我男朋友最怪了，每次我在洗碗，他就会靠过来摸东摸西，想亲热……"Doris脸红了。

"亲热？"我敢打赌小V和Kathy的脑袋里一定闪过和我相同的画面，我们三人瞬间瞪大眼睛，看着Doris。

"没有啦！我真的没有！"Doris连忙否认，"我只不过是想把碗洗完，我讨厌事情做到一半被打断。"

Doris和男友住在一起，举凡打扫、做菜、洗衣服等"女人应该比较擅长的事"，她全一手包办。姊妹讨论过不止一次这个问题，大家都认为Doris这样做会惯坏了男友，毁了她自己。Doris有工作，赚的钱还比她男朋友多，她的男友四肢健全，没有道理不分摊家事。

"不能怪他，是我看不下去！我没有办法把碗留到明天再洗。

我喜欢把家打理得干干净净。"Doris 为男友辩解。

这我能理解，我的老公也很容易"看不下去"。

收下来的衣服，要是没赶快折好，放进衣橱，就觉得全身不对劲。只要有一点灰尘飘进来，地板得马上用吸尘器吸，再拖过，不然会看不下去。喜欢边做菜边收拾，菜做完了，厨房已经光洁如新，连煤气炉都擦好了。凡事看得很开的我，理所当然没做过什么家务事。在我还看得下去的程度里，老公已经全做完了。

我是异类，看不下去的这类人里，女性占多数。不止一次听过女读者抱怨，男人总喜欢在她正忙的时候，想要亲热。十个女人中最少有九个要男人等。"等一下嘛！等我把碗洗完。""别闹啦！先等我把手边的工作做完！"

但是，"碗可以等到明天再洗，也不会死"。这是我一个因病早逝的朋友说的，当她生病了之后，才明白有些原以为不能等的事，其实可以等；而以为能等的却不能。

我不希望太多人有这样的感触。下一回，当胸口涌上爱意，想亲他就亲他，想亲热就亲热。当他贴着你，想要更靠近你，请把碗放下，给他一个吻。任何事都可以等，但爱不能。爱一个人，现在就让他知道。

私房秘语：爱在当下。

07　生有用的气

吵架无所谓，生气也没关系，但请生有用的气。白生的气等于车子排放的废气，只会熏黑了你的美丽。

"怎样才能让男人知道你在生气？"Doris 睁着大眼睛看着我。

我瞠目结舌，迟疑地开口："你是说……你在生你男友的气，但是他还不知道，是吗？"

Doris 点头，补充说明："我们昨天吵架了。"

我不太懂，Doris 明明和男友住在一起，如果两人吵架，怎么他会不知道她在生气，这是推理题吗？

Doris 解释，由于同居男友能言善道，不管她说什么，男友都能找到理由反驳，她怎么也吵不赢。久而久之，她已练就不回嘴的好功夫，默默忍受怒气，心里却倍觉委屈。

"情绪积压久了，问题反而更大，你必须适当地表达你的怒气。"我建议。

"真的没办法，现在一吵架，我就说不出半句话。"Doris 摇头。

"既然说不出口，就以行动展现吧！今晚不要回家了，我家还有空房间，可以收留你。"

"不行啦，我要是在外面过夜，他铁定更生气。万一他不打算原谅我，我们岂不是完了？"Doris 哀号。

"那你打算边加班边生闷气,拖到想睡觉再回家吗?"我皱眉。

"正有此打算……"Doris承认,"不然,就是留在办公室打电话,跟各方姊妹抱怨一下,抒发心情。"

"你生他的气,不告诉他,却到处打电话跟别人说,再假装没事似的回家,和他睡在一起?"我难以置信。

不过,我也做过一样的事,只要两人吵架,明明气得要命,口头禅却是:"我不是在生你的气,我只是……"只是什么?说不出来!内心难以平息的种种感觉,难过、不平、失望、委屈……加在一起,其实就是生气,气他不懂我。

或许在当下无法清楚描述内心的感受,或许是期待自己扮演懂事大气的角色,又或许害怕演变成泼妇骂街的戏码,总之,我假装不生气了。但,气不会因此消失,全储存在心里,等到有一天,再也放不下就爆发,到时便自己下结论说这段爱没救了!我累了!再也无法忍受了!再见吧!现在想起,那些感情明明能够走下去,是被自己的爱假装给毁了。

假装不生气并不会让男人觉得女人宽厚,反而让他认为你难以沟通,渐渐地就懒得沟通。一个有气不说,一个不想沟通,这样的爱能走多久呢?

现在的我只要生老公的气,都会对他说:"我在生你的气。"我知道这样的开场白接下来会发生冗长的对话、繁复的沟通甚至不愉快的争执,至少这一次,我不打算放弃这段爱情。

私房秘语:能够让对方知道,拿来当作沟通手段的那些气,才是有用的气。

08　别让男人花你的钱？

"女人花男人的钱天经地义，但男人花女人的钱就是懦夫＋吃软饭＋负心汉！"男人怎么这么倒霉啊！

"他开这间公司已经赔掉一千多万了，我好生气！"小 V 横眉竖眼地说起男友公司经营不善的问题。

"佩服你！换作是我，恐怕已经分手了，有福同享，我可以，有难同当，我可不干！"Kathy 一向诚实，无论对人还是对己。

"问题不是这个，让我生气的是他可以花十五万请某个名不见经传的模特出席一场记者会，却不愿意花五万让我去巴厘岛住 Villa（度假别墅）。搞什么！我是他未来的老婆耶，那模特算什么东西？为什么待遇差这么多？"小 V 面红耳赤地说明。

我和 Kathy 对望了一眼，小 V 的逻辑很诡异。一个是公司宣传预算，一个是度假花费，两者哪能相提并论。但小 V 不管，她继续发飙："一千多万如果拿来让我花，可以吃喝玩乐多久呀，现在不到一年就赔光了，多浪费！想到那些我原本可以拥有的东西、可以吃到的美食，我就气！"

看到小 V 气愤的程度，我忍不住合理地怀疑："你是不是有借给他钱周转？"

"怎么可能？我再怎么傻也不会拿钱给男人。"小 V 诡异地看着我。

"就是嘛！只有女人花男人的钱，哪有男人花女人的钱啊？"Kathy白了我一眼。

"支持你的男朋友，完成他的梦想，算傻吗？"一直没出声的Doris喃喃自语，我知道她绝对是二话不说递出银行卡，投资男友开公司的女人。

我也做过这样的事，把银行卡递出来给男人，这是傻事吗？

以结果来看，算是傻吧，后来钱没了，感情也结束了。当时的我自以为学到了教训，女人应该把钱看紧，财务各自独立，爱情才能持续。身边不少交往多年或同居多年的朋友也告诫我，钱绝对不能混用，千万别让男人花你的钱。

后来的我谨遵教诲，自己赚的钱自己花，出去约会各付一半，不再和男友在金钱上纠缠不清。我不过问男友的收入，也不让男友过问我的开销。即使男友觉得我买的衣服太贵，也不理会，反而觉得好笑。"花我自己的钱，又不用你付，你管不着吧！"

刚开始和老公交往时，我们常在餐厅、商店门口上演把钱推过来、顶过去的戏码。不管吃什么、买什么，老公总是很干脆地把钱付了。我并不觉得开心，这男人一再挑战我的原则，我不喜欢。

没过多久，他交出了银行卡和印章，说要放在我这里，手机账单也想改成寄到我的地址。我吓坏了，不知道这样下去，两人之间怎么算得清。当时他有一个好借口，说自己常出差，"很容易错过缴费期限"。

紧接着，他买的东西开始"顺便"放在我家。"音响买一套就好，我想听的时候可以来你家。""这可以共享。""一起买比较划算。"我被迫过起财产不独立的生活。到现在，我仍怀疑这是他的阴谋，把我和他的钱搞混，把我们的生活绑在一起，变成什么都很难分开计算的地步，好让怕麻烦的我不敢轻言分手。

从此我就过起了让男人花我的钱，我也花男人的钱的生活。最近，看到身边财务分开的情人、夫妻，反而更容易为钱争吵，计较谁为对方付出的"钱"多。

我问老公："万一我们分手，财产该怎么计算？"

"我们不会分手。"老公瞪了我一眼，语气坚定。

我想，拿出银行卡的那一天，他早有这辈子不想和我算清楚的准备，那样的态度，或许就是深情吧。

> 私房秘语：分得愈清楚，反而愈容易计较。

09　爱中爱

"交往多久会失去恋爱的感觉？三个月？一年？还是三年、五年？"每天都想谈恋爱的女人们担心地问。

最近姊妹间的热门话题是"爱中爱"和"婚后恋"，意思就是在恋爱状态中的人仍想再爱，即使结了婚还是不放弃谈恋爱，当然，她们渴望的对象绝非身边的情人。爱情也有流行性，这一波潮流是热门戏剧引爆的,看了那出戏的人全被传染,直呼:"虽然我已经有男友／老公了,还是好想谈恋爱哦!"

"这戏根本就是拍给想出轨的人看的。"老公才看了五分钟就忍不住咒骂。

"别吵,大家都说很感动,你再多看五分钟嘛!"我打断他。

终于看完一整集,老公再度发表意见:"介绍给你看的朋友,一定是自己想出轨,才会边看边哭。"

"不会吧,这么多人想出轨?"我扳着指头算着有多少个姊妹跟我提过这部戏。

"才不是出轨,我只是想要有恋爱的感觉。"小V反驳。

"你现在不就在恋爱?还是,你们分手了?"我惊呼,小V和男友从高中开始交往,已破十年大关了。

"才没分!就是在一起太久了,才会没感觉。前几天我看见他在微博上称呼别的女人'正妹',忽然想到他已经很久很久没说过我正了。"小V神情哀怨。我看着小V细肩带背心下的蝴蝶袖,也跟着一脸哀戚。

其实我能体会小V有了男友仍想恋爱的心情,虽然有情人,却觉得寂寞,并不是没有人爱,只是大多数时候,没有被爱的感觉。不只我有过这样的体会,写两性文章的这些年来,我接到许多读者和网友的留言、来信,都提到他们明明在恋爱(或在婚姻状态)中,却早已没有恋爱的感觉。两个人的孤单,更加孤单,好想再谈一次恋爱。这种极度想恋爱的渴望,有时强烈到扰人的地步,似乎不管遇到谁都能点燃,多年未见的同学、每天相处的同事甚至从未谋面的网友。

但他们都不想放弃现在的爱情,曾经辛苦建立的深厚感情,一路相伴走过来的伴侣，他们不想背叛，只是想再尝尝恋爱的滋味。

"那是他们在现阶段的感情中得不到满足，只好寻求其他管道发泄。"老公似乎很不屑。

"难道你都没有幻想吗？万一认识很棒的女人，她拥有我没有的优点，你不会爱上她吗？"我认真地问。

"不会！我觉得那样很麻烦。"老公说。

"因为怕麻烦才不想出轨吗？如果遇到不麻烦的对象，就没问题了？"这样的话我没问出口。因为，和小学时暗恋的男同学见面时，我也曾幻想过如果没有遇到老公，我应该会爱上他……这种程度的心动我也有的。

情人之间，存在着一些没有答案也不需要计较答案的问题。即使老公回答了令人满意的答案，我也不会更快乐。真正的快乐是在日常生活中累积的，不是男人圆滑的应答。恋爱的感觉也一样，存在于他对你无言的信任与无声的陪伴中，没有消失，只是被你忽略了。

> **私房秘语**：如果你感受不到恋爱的感觉，为什么不牵起他的手，先开口对他说爱？

10　五十分男人

一百分男人当然好，问题是根本找不到。或许你应该找个五十分的男人，跟你加起来，刚好变成一百分。

自从专栏刊出后，不少单身读者来信，问老公有没有其他兄弟，她们也想找个和我老公一样，一百分的男人。我在此统一回答，老公的哥哥都结婚了，目前没有缺额。

老公的确很接近满分，除了长相不像我喜欢的小田切让或小池彻平，其他各方面都是个不错的男人。包办家事之外，工作能力也不错，孝顺正直，办事牢靠，遇到问题积极解决，举凡水龙头、电风扇、桌椅甚至手机都会修理。不仅对我好，还对我的家人好。更棒的是他欣赏我原本的样子，尊重我的想法，包容我的任性，支持我的梦想。宠我却不溺爱，总是对我的为人处世提出有建设性的意见。偶有争执，也能沟通和退让。听起来真的很接近一百分的男人，其实只有五十分。

他并非看一眼就会从货架上被挑起的货色，一开始，姊妹还劝我不要和他交往，应该要找一个条件更好的男人。她们说："你就是不会挑男人，总是捡到烂柿子。"还好那时我没听她们的。现在她们已经改口赞我有眼光："哎哟，你真会挑男人，什么时候帮我挑一个？"

当我善念大发,真要帮她们介绍对象,她们却说:"这个男人的体脂肪超出标准,我不喜欢。""太矮了,我喜欢高个子的男人。""投资顾问我不要,太油了!""年薪没有百万块,太低了!""什么?交过五个女朋友?不够专一,我拒绝。""长期在外地哦,那谁陪我?""长得像海绵宝宝,脸那么方,你怎么敢介绍给我?你又不是不知道我喜欢金城武!"

我也喜欢金城武,谁不喜欢呢?"要男人长得有男一号的外表、郭台铭的财富、李远哲的地位、蔡康永的学识、吴宗宪的逗趣,还有,不要是长男,责任太大。工作不要太忙,可以天天陪着我。对,差点忘了,不要太重朋友,免得不听我的,被朋友牵着鼻子走"。小V刚补充完,Doris马上接着说:"要有生活品位,我不喜欢男人不会挑餐厅,不懂美食,不重视生活情调。"

"你们都忘了最重要的,床上的表现要好。"Kathy微笑着说。

我也想笑却笑不出来,大家都想找一百分的男人,问题是有这种完美的人吗?大概在游戏里才找得到吧。连偶像剧里的男主角也没有那么完美,更别说现实的世界。姊妹一讲起男人,就忘了自己身在地球,说起梦话来了。

我们都不是一百分的女人,有什么资格苛求男人要满分?男人这种生物就是要有缺点才有趣,会吃醋,会生气,有时脆弱,偶尔小心眼,隔三岔五跟你斗斗嘴。五十分的男人刚刚好,有优点让你欣赏,有缺陷让你包容,和你相加,配成一对,刚好满分。

私房秘语:50分男人+50分的你=100分的爱情。

11　不如意的男人也是你的天使

一次就遇到好男人固然幸运，遇到不如意的男人，也不用怨叹自己不幸。你的爱情学分修得比别人多，将来的幸福肯定也会更多。

我曾有个绰号叫"坏男人吸铁石"，方圆百里之内的坏男人，我都能吸引得到。说谎的男人、瘦弱没有肩膀的男人、听妈妈的话跟我分手的男人、无法控制情绪的暴力情人、小气爱计较的男人、借钱不还的男人、只想上床的男人、有了女人还想偷情的男人、超级大男子主义不尊重女人的男人、只想搞暧昧不想给名分的男人……各种类型，都有接触。

"简单一个字说明：惨！"姊妹帮我下结论，说我爱情运不佳。

"明明是善类，怎么老遇到败类，不懂……"身边前辈、长辈都摇头。

我就是这样被骗的，相信大家的安慰，觉得自己很OK，是运气不好，才会变成坏男人吸铁石，完全没想到本人的磁力才是问题的根源。

有人说世界上不存在坏人，都是好人，只有遇到事情时，立场不同，才会做出坏事和好事，人本身都是好的。我后来才了解，爱情也差不多，两个一样好的人，在一起未必会好，好人爱好人，不一定能成就好的缘分。说得更清楚一点，坏男人就跟细菌一样。

细菌是生物的一种，广泛分布于土壤与水中，或与其他生物共生。人的身上也有非常多的细菌，数量大约是人体细胞总数的十倍。细菌是许多疾病的病原体，听起来是个坏人，然而，细菌也可以是好的，被人用来做有益的事，如制作奶酪、酸奶、抗生素等。在生物科技领域，细菌被广泛地运用着。

坏男人也是，他对你的坏，让你哭，也让你成长。你看透他的坏的同时，也帮助你看透自己的本质。我是在经历过不如意的男人之后，才知道自己可能也是个败类。

当我向姊妹抱怨他对我很差劲，同时也宣告了自己愿意忍受差劲的对待。当我在他说谎之后仍选择原谅，同时也说明了是我愿意让自己被欺骗。当我哭着说我还是爱他，也承认了自己执迷不悟，宁愿痛也不肯放手。他有多差劲，我就有多差劲，不遑多让。是我自愿发给他执照，让他在我的爱情里尽情撒野；是我不愿改变自己的错误，宁愿让差劲的男人爱着，也不要寂寞。

这一切，能说男人坏吗？不如说是女人自己笨，只是不愿意承认，而把一切推给他们，自己当好人，当受害者。

现在的我非常感谢那些我曾经以为是坏男人的男人，谢谢他们纠正了我偏差的爱情观，用眼泪唤醒我，用心碎治愈我。

> **私房秘语**：坏男人也是天使，引领我们飞翔到幸福的领空。

12 爱你才让你吃第一口

男人对食物的品位取决于女人的喜好，女人的厨艺则取决于身边男人对她好不好。

只要男人开始在意食物，就是开始恋爱了。在与女人交往之前，男人喜欢路边摊和外卖，随便吃些什么都行，别饿肚子就行。一旦和女人约会，男人才会费心留意美食，到处向朋友、同事打听哪一家餐厅好吃。他会带着女人去吃她爱的咖喱饭、意大利面和法国菜，看着陌生的菜单，偷偷皱着眉，嘴上却说："吃什么都可以，你决定就好。"只要女人喜欢，他就喜欢，对食物的喜好完全由着女人的口味。

然而，当一个男人开始挑剔你选的餐厅，毫不掩饰自己有多讨厌你爱吃的那道菜，拒绝与你共享美食，甚至建议你们分开吃饭，八九不离十，他不再爱你了。

现在的女人只有少数有下厨的习惯，大多数女人比较喜欢上餐馆，享受浪漫的氛围和体贴的服务。如果一个女人开始进厨房，上网查阅她平常不会吃的食物，照着食谱学，八九不离十，她对男人认真了。男人对她愈好，她愈想进厨房，亲手做出他爱吃的菜。看着男人吃光的空盘子，觉得自己被爱着，不在乎水晶指甲因下厨而断裂。

我喜欢吃甚于下厨,所以特别欣赏会做菜的男人。在我的挑男人选项中,只要会做菜,无条件晋级到下一轮选秀。依我看,爱下厨的男人绝对比开名车的男人有魅力。想象你躺在软绵绵的沙发上,翻看时尚杂志,你的男人在厨房里忙着,不一会儿,他端出一道道你爱吃的菜。你吃了第一口,开心地微眯双眼,轻声赞叹:"好好吃哦!"我觉得这是天底下最幸福的画面。

然而,现实总是没有想象中完美,在我家比较常上演的情节是:老公看着空盘子,再看一眼我,讶异地说:"你怎么全吃光了!我才吃了一口耶!"抢夺食物的戏码一天到晚在我家发生。

"太过分了!这么大一块布朗尼,你一口都没留给我?"老公的声量大到我担心邻居会来敲门。

"你不是说你不爱吃甜点吗,为什么我不能独吞?再说,对布朗尼而言,被喜欢吃甜点的人消灭,比被不喜欢吃甜点的人吃掉更幸福!"对于美味,我一向据理力争,绝不妥协。

"歪理,贪吃鬼!"老公偶尔会怄气,因为桌上的美食大多数是他辛辛苦苦做的,要不也是他付钱买的。

偶尔,我会反省自己,不让食欲凌驾爱情之上。面对他爱吃的菜,我很小心地只吃了一点,尽量留下给他。不过大多数,留菜的都是他,他会说:"这道你爱吃,剩下的都给你。"我会开心地接过盘子,一口一口慢慢吃,享受这比鱼翅还要珍贵的食物。

看到美食博客,我会开心地寄给他,要他学着做出我喜欢的菜。奥姆蛋、洋葱汤、海鲜炖饭……这些对他而言像外星语的名字,在认识我之后,有了新的意义。

"我很爱你,才愿意让你吃第一口哦!"看电影《美味关系》时,女主角茱利亚在餐馆里对老公这么说,我忍不住笑了,转头看一眼身边的他，果然，他那双眼睛正瞪着我呢！

> **私房秘语**：找一个愿意把第一口让给你吃、为你下厨的男人是幸福人生的开端。

13　钥匙与锁头之恋

你的心是一把锁，期待能碰上天生就配你的那把钥匙，一次开启你的幸福。

每一段恋爱都是钥匙与锁头相互寻找的过程，每一把锁搭配一款钥匙，如同每一个人都有一个真命天子，可以百分之百契合，刚刚好能开启。不知道从哪一个世纪开始，人们一直这样相信。

"那当然，你没听过月老的传说，每个人手上都被一条无形的红线绑着，红线的彼端绑在另一个人手上，爱情就是寻找和你被同一条红线绑住的那个人。"我身边的姊妹几乎全支持这钥匙与锁头的爱情理论，如果对方和自己价值观不合、生活习惯差异太大、常常发生争执，就认为对方是错误的人，自己找错了钥匙。

最近 Kathy 和她的男友相处得不太愉快，从支持的球队到喜欢吃的食物，两人没有半点相同。"他显然不是上天打给我的那把钥匙，该是时候换一把新的试试了！"姊妹都赞成 Kathy 的决定，唯独我摇头。

"Kathy，像你这样三天两头换男友，真的能找到最适合你的那个人吗？"我质疑。

"两个人既然不合，就该分啦，再撑下去也没有用。"Kathy 笃定地回答。

"对对对，早分手早幸福！"小 V 点头。

"没错，得先把停车位空出来，别的车才能停进去。不适合的对象占住名额，真命天子哪有空位啊！"Doris 也投赞成票。

我笑了笑："这是逻辑的谬误。因为你们假设有一个最适合 Kathy 的男人——也就是天生配好的钥匙存在，这个假设前提影响了你们的判断。"

如果你看过锁匠打钥匙，就能理解我的意思。锁匠拿出一把锁坯，这把锁坯并不能直接将锁头打开，必须要用机器琢磨修整，将它打造完成才能开锁。

我认为世界上没有一把天生配你、刚刚好能打开你的钥匙存在，当然也没有哪一个人只为了与你相遇而诞生。

你遇上的男人是一把锁坯，缺点是他和你没有百分之百匹配，优点是他有可能变成最适合你的人。两个人相爱就是互相琢磨修整的过程。可以用你的爱细细摩擦他的棱角，让他愈来愈符合你喜欢的形状。他也会用他的爱轻轻调整你的角度，让你与他连接顺畅。

慢慢地，你们会有愈来愈多的共同点，可以一起看球赛，为各自喜欢的队伍加油；可以一起吃饭，轮流品尝对方推荐的餐厅。正因为爱上一个不匹配的男人，无法事事与你契合，你才能学习沟通表达，了解包容和退让，尝试站在不同的角度去看世界，变得愈来愈成熟。正因为他不是恰恰符合你的形状，才能为你注入更多可能，为你带来更多意外的风景。

然而，当你抱持着会有真命天子存在的立场，你只会做排除的动作——"他不是我要的！他不是那个人！我得把握青春赶快找到那个人！"

"或许你该做的不是分手，而是更改假设前提，开始琢磨他，同时也修整自己，让两个人变成真正契合的恋人。"我对 Kathy 说。

> 私房秘语：没有天生就适合你的人，也没有天生不适合你的人。

14 你是需要，还是想要被爱？

我的这个夏天充满悲伤，因为穿夹脚拖导致脚受伤，一直待在家里休息，眼看连百货公司的夏季最后折扣都赶不上了！我细数这一季将错过的罗马鞋、蝴蝶袖和雪纺纱洋装，留恋地捧着流行杂志哀悼。

"你是'需要'还是'想要'这些衣服、鞋子？"老公看我难过的模样，问道。

"当然是想要啊！"我诚实地说。

"需要"的定义是没有、缺乏，所以必须要有，"想要"则是憧憬、渴望，虽然没有也可以，但很希望能够拥有。女人对于流行绝对不会是需要，肯定是想要。我知道老公这样问是想提醒我花钱要节制，要我打消购物欲，没想到他接着说："如果你很想要，那我们去逛吧，百货公司说不定有出租轮椅。"

我顿时觉得自己好扭曲。不知道是中国人的美德、委婉的性格还是莫名其妙的矜持，每一次的感情经验里，我习惯把想要的包装成需要。

"我刚好在附近开会，时间还没到，绕进来看你一下，顺便等开会。"明明是特地跑来见他，我却这么说。

"因为我今天肚子有点不舒服，你能来接我下班吗？"很想见他的时候，我这么说。

"我觉得珍珠长链很漂亮耶，很好配衣服，可惜我只有短的珍珠，没有长链子……"情人节快到时，我会这样暗示。

刚开始和老公交往的时候，我对他说："受单亲家庭的影响，我很重视承诺，如果你只是想玩玩，那我们现在就停止吧！我'需要'的是和我一样认真的人。"很奇怪，就是没办法坦白，直率地说我"想要"一个专心对我，认真爱我的人，偏要把家庭什么的搬出来。仿佛承认自己很想要被爱、被呵护是幼稚的行为，如果找个借口包装成需要，听起来就懂事理智多了。

相信很多人跟我一样，对表达"想要"有困难。明明是"想"结婚，偏要说成年纪到了，也"该"结婚了！明明想要他的拥抱，却说我最近好寂寞，希望他能听懂你的"想要"。希望他为你做的事，不好意思说，全部要包装成你需要他帮忙。这样迂回的沟通，很容易演变成一堆误解和心结，到最后感叹他不懂你，不知道你真正想要的是什么！

我们都该学习更诚实地表达，男人或许没那么简单，但没有难到故意不去满足女人想要的，如果他爱你的话。而漠视你想要的那个，不会是爱你的男人。

"好吧，坐轮椅去逛百货公司还蛮酷的！"我对老公说，开始准备列出采购清单。

> 私房秘语：勇敢表达你内心的渴望，是对他诚实，也是聪明沟通的第一步。

15　爱情恍神中

刚看到某网站做的"超恍神傻事Top10"调查，我忍不住笑翻。第一名是"东西不见很着急，后来发现在手上"，这也是我常做的，诸如"把洗面奶当成牙膏""吃冰的时候还要先吹一口""上错别人的车"……更恍神的还有老公在我面前提着两大袋垃圾准备去倒，回到家我还问他是不是该倒垃圾了？还有，刚吃完饭，我还问老公等下要吃什么？也曾发生过老公刚洗完澡，我却催他怎么还不去洗！还干过把蛋壳当成鸡蛋，丢到锅里煮的事。

这么说来我算得上是恍神女王，很容易专注在一件事，便忘了周遭的其他事。每次被老公念，我总是辩解："牛顿也是这样，做实验时把手表当鸡蛋煮了！爱因斯坦在思考问题时，把和他一起坐车的小女儿给忘了！虽然我不是科学家，但有个科学家的头脑。"

相信很多人跟我一样有科学家的头脑，偶尔会做出一些自己都莫名其妙的傻事。对于这样的恍神，我们都能允许，觉得只是出神失误罢了，偶尔还拿出来开玩笑，觉得有趣；但是，如果恋人在爱情里恍神了，我们却无法忍受，觉得他犯了大错。

"你刚才居然用那么凶的口气对我说话！还说什么你会对我好……""你竟敢忘记我的生日！我就知道在你心里，我一点都不重要！""你刚才为什么不牵我的手？是不是在朋友面前，不想承认我？"很多事，其实没有那么严重，不过就是恍神了，我们却会把它当作"他不爱我"的证据，当作"考虑分手"的关键大事。

不骗你，我曾连续两年忘掉了老公的生日，更夸张的是我几乎和他天天在一起，一起工作，一起生活，每天看到他，还是把他的生日给忘了。到现在我仍想不起来当时是怎么回事，我不是那么粗心的人，向来喜欢庆祝，不会放过任何过节的机会，仍把他的生日忘了。还好老公没怪我，他把这个失误归于恍神，没有小题大做说我不爱他。换作是我，恐怕没他那么好的肚量，不会善罢甘休。

爱情是一场二十四小时、全年无休的超级马拉松，再认真的人也有注意力难以集中的时候，再强壮的人也有疲劳的时候。下一回，如果你的恋人疏忽了，请别再认为他不够爱你才会忽略你，将小事件无限扩大成分手的前奏。或许，他不过是恍神了，让他休息一下吧！

私房秘语：别那么残忍，连恍神的一点时间也不给他！

16　说谎比较简单

"男人还是女人比较爱说谎？"曾有读者这样问我。

"男人。"我毫不迟疑地回答。这的确是亲身体验，也是多年两性写作的心得，看多了读者、网友的实例，不禁觉得男人比女人更爱说谎。

根据调查，男人与女人说谎的比例是一样的。只是男人更容易被抓包，因此被误会更爱说谎。

"别说男人，你也很爱说谎。"老公指称。

"我？怎么会？"我自以为说谎的频率并不高。

"女朋友出轨，明明就是很惨的网友，你跟他说没那么糟，不必太难过。决定要嫁给'猪头'的女人，你还跟她说，自己喜欢就好，别人觉得怎样无所谓。这不是说谎吗？"老公说。

"那是安慰，是善意的谎，不是恶意的欺骗，算不上真的谎。"虽然自己也觉得不合逻辑，我还是这么辩解。老公听了，露出毫无笑意的笑。

"女人说谎多半是为了让对方好过一点，男人说谎却是为了让自己好过一点。"过了一分钟，我总算找到了新的论点。

"不，男人会说谎才是真的为了女人，我们不想让女人伤心。"老公反驳，"例如你问我你胖不胖，我当然不可能说实话。"

"我真的胖吗？"我瞪他。

"不……胖，我只是举例嘛！"老公回答。

看着他心虚的脸，我万分感慨。诚实是美德，在恋爱中却不见得是好习惯。老公曾是诚实得要命的男人，不会说好听的话，不懂得包装自己，有话就说，直来直往到令女人敬而远之。经过我多年调教，现在变得会说谎了，懂得安慰我，隐藏冷酷的事实，这究竟是好事还是坏事？

其实老公说得没错，我也爱说谎，总隐藏自己真正的想法，避免尴尬和冲突，让对方觉得舒服一些。

"你过得好吗？"

"很好啊！"面对朋友的关心，我从没说过自己不好，但有谁从未低潮？

"你觉得我这件洋装怎么样，昨天新买的！"

"还不错，很衬你的肤色。"不过款式就不太适合你了，后面这句话我当然没说。

我很清楚，太多时候说实话会让场面难堪，说谎反而会让事情变得简单。

"你爱我吗？"如果你的情人这样问，你怎么回答？

"我现在爱，但我不确定我能爱多久，我这人不相信永恒，更怀疑一个人能一辈子忠诚。不过，我也不排斥拿自己当实验，测试爱情的底线。我觉得上个月认识的那个摄影师还不错，有机会的话真想跟他来段短暂浪漫，不过，基于道德操守和避免麻烦，我不会跟他联络。这么说并不是我想背叛你，而是对你诚实。"真要说出脑袋里这一大段想法，我想任何男人都会翻脸，不管他有多好的脾气。

"爱。"我会选择简短的回答。

的确，说谎比较简单。但，会说谎表示我们在乎对方的感受，我们爱，所以才愿意说谎。

> **私房秘语**：以上只限于善意的谎言，至于恶意的欺骗，不管怎样都伤人。

17　男人开箱文

不知从何时开始，不管买手机还是保养品之前，人人都爱上网狂搜开箱文，想知道别人第一手的使用经验。众多网友也爱贴开箱文，与大家分享收到新商品的喜悦，评论它的好坏。每一个使用者的经验虽然不同，站在同是消费者的角度去评价，仍有其参考价值。

对于男人，这件事恰恰相反，使用者老爱去问没用过的人。

"哎，你们看，这个男人怎么样？给我点意见。"女人最爱把刚开始交往或正在追求她的男人带来给姊妹淘评分。

我还蛮讨厌这件事的，如果你已经决定跟他交往，问我意见干什么？你会跟他分手吗？如果连你自己都无法决定要不要接受他的追求，我怎能替你决定？他追的又不是我！

我因此得罪过不少人，很多姊妹觉得我干吗那么小气，不给意见。但我认为你该问的是真正"使用"过这男人的女人，而不是我们身边这些姊妹，我们和他根本不熟。前女友、拒绝他的女人、被他甩掉的女人……这些人的意见才具参考价值。

"说得简单,我怎么可能认识他前女友?"有姊妹这样抗议过。

但我真的认识一个女孩,有个男孩追她,她便上网追查这男孩的恋爱记录,搜寻"可能的使用者",追着追着,找到了我的博客。她约了我碰面,我觉得挺有意思,答应见她,才知道这男孩同时追的不只我们两人。我喜欢这个女孩的想法,她不是跑去征求她朋友的意见,问她们觉得那男孩怎样,而是想办法找出有没有人认识他,有人跟他交往过吗?

我跟她变成了朋友,一直联络至今。当然,自我俩见面那刻起,我们都把那男生踢到墙角,再也不理会了。

我并非鼓励大家到网络上搜查男人的底细,只是,真正交往过的人才有资格说好不好。没用过的人谈评价,若不是精心设计的广告,就是闲嗑牙罢了,这绝对是不争的事实。

> **私房秘语**:你的姊妹不会为她们的闲嗑牙负责,你的爱情必须由你自己做决定。

18　当女人的好处

我从不否认我是个女人，我有胸部（而且希望它看起来大点），我会在意吃下去的每样食物的热量，我会买很多鞋子（远超过自己能穿的数量）……这就是女人。很多女人热爱当女人，享受当女人的好，却在某些时刻，希望别人忽略她是女人。例如，遇到男人想帮她提包包的时候。

我想全天下的男人都有类似的经验，当你和一个女人的关系进展到某个地步，或许约了一两次会，互相有好感，看她背着一个大包包，似乎有点重，你会犹豫该不该好心地帮她提。

"不用了，我自己能拿得动，不需要你帮忙。"

"我不喜欢把包包给别人提，这样我会没有安全感。"

"凭什么你会预设我需要你帮忙？只因为你是男人，我是女人？"

这三个答案我都说过。

不仅讨厌男人帮我提包包，我还希望全办公室里的男人，别把我当女人看。希望大家不要在意我的性别，能尊重我的专业，不要一副我的泪腺比他们发达，每个月至少有几天会控制不住自己情绪的样子。我也不希望每次约会都是男友付钱，那样感觉很不独立。

我身边有不少姊妹和我一样，希望女男能平等，男人能公平地看待女人。我努力地模糊自己的女性特质，还曾经把头发剪得比新兵还短。直到我认识老公，才发现自己错了。女人就是这样才会让男人看不起，忘了自己是个女人。

"因为你是女生，我才让你。"老公总不忘提醒我的性别。

"我不是女生你就不让我了吗？"我皱眉。

"你们女生就是要穿这样显露曲线的衣服，看起来比较漂亮。"老公很爱帮我挑衣服。

"你不觉得穿这件像槟榔西施吗？"我又皱眉。

一开始我不习惯，觉得他特别大男人，后来发现在他面前当女生真有趣，可以胡闹，可以任性，不讲道理也没关系，说话不算数也能被原谅，因为我是女生。这跟我过去的认知背道而驰，我努力想摆脱的那些女性特质，在老公面前却像法宝，只要一端出来，老公就投降。

男人与女人从来不同，不管身体的、心理的，还是两者牵扯在一起的。无论东西方，对女人的歧视都确实存在，然而，对男人的歧视也不少——"男人比女人容易出轨。""男人死要面子，尤其在床上""男人好斗成性""男人没有勇气提分手""男人不看书，不进修，不追求自我成长"这一长串的罪名，可别说不是性别歧视！

> 私房秘语：如果有下辈子，我还是要当女人，连出错都能推给"好朋友"，比较轻松。

19　爱上一个人的原因

"大家都拼了命在努力呢！"跟朋友通完电话，我对老公说出日剧般的对白。被定位成新手却梦想成为偶像明星，不断试镜的朋友；为了证明自己能写出好戏，被人批评仍持续创作的编剧朋友；不管潮流怎么变动，坚持往自己方向前进的导演朋友；还有开小公司的朋友、打卡上班的朋友……原来每个人都在自己的领域中存活，努力不被淘汰，好厉害哦！我打断老公玩游戏的时间，站在他面前，对他发表最近的生活感想。

老公一如往常，不动如山，听完继续玩游戏。

"喂？你有在听吗？"真希望我们是在打电话，可以不看他专注地盯着计算机屏幕的表情。

"当然有。"老公回答。

我识趣地走开。如果抽问我刚才说些什么，老公一定能准确地重复，因为他真的有在听，只是看起来没在听的样子。

所有女人都希望她的男人能认真倾听，不管她说什么，都能一脸感兴趣，边听边问"然后呢？"很爱说话的我最容易爱上这种男人，对我的每个字句都感兴趣。

"那你为什么会爱上他呢？"之前在上海与久违的朋友K见面时，她问我。久居上海的K第一次看到我的男人，看到时已来不及发表姊妹淘的建议，我已经结婚了。

"因为他什么都会修，不管是机器、计算机还是椅子、水龙头，连坏掉的冰箱都能修，好厉害。"我想了一下才回答。

"还有呢？"K问，她的眼神凌厉敏锐，让人有种被逼供的错觉。

"很可靠，什么事交给他都不会出错。说会打电话就一定打电话，不管是跟朋友出去喝醉了，还是加班到很晚，绝不会忘记打电话，信守承诺。"

"嗯，让人安心的特质蛮不错的，还有呢？"K继续问。

像是为老公争取工作机会似的，我不断举出他的优点，企图说服K，我嫁了一个不错的老公哦！这种想法本身已经是孩子气了，然而当下的我觉得自己很成熟。"我已经结婚了哦，真正长大了，不再是多年前你认识的那个不知天高地厚，什么都还没搞清楚就跟着男朋友来上海的傻女孩。"我全身的毛细孔对K这样呼喊。

当时有没有成功说服K，不得而知。只不过嫁了一个普通的男人罢了，可能她如此以为。

发表完生活感想后，我突然想到更贴近真实的说法，为什么会爱上这个人呢？面对任何事——遇到工作诈骗、出现态度恶劣的客户、身边的人突然去世、蓦然涌现的没自信、对未来的茫然，无论好的坏的倒霉的让人心碎的，这个男人的体内没有投降机制，绝不放弃，比谁都要努力地生活着。

跟这样的人在一起，一定没问题，自己仿佛拥有更多前进的力量。

没有比这个更棒的原因了！我冲到老公面前，再度忍不住发表我的感想。

> **私房秘语**：爱上一个人，往往没有原因。不爱一个人，才会不断地找原因。

20　恋人是一种副业

"作家是一种副业，不是职业。"老公嘲讽道。

晚餐时间，我聊起崇拜的一位作家前辈正在帮某流行杂志写采访稿。"连多次担任文学奖评审这样重量级的作家，也不能专心创作，需要接其他杂七杂八的外稿来养活自己，这一行真辛苦。"我刚说完，紧接着老公就冒出嘲讽的语气，批评起当下的文创环境。编剧也是一种副业，插画家也是一种副业，收入无法支撑生活所需，全都不能当职业！

"那恋人呢？是不是也是一种副业？"我的思绪已经跳起大腿舞，离开老公身边。

女人总希望恋人是一种职业，希望她的男人全职投入，以100%的认真程度守候爱情。我也这么期待着，不过凭良心说，身为别人的恋人，我只不过把它当成副业而已，确切地说，也把老婆

· 039

当成了副业。

所谓老婆应该做的事，照顾老公、分担家务、掌管家中收支，我一样也没做到，唯一做的家事是叠衣服。不过，总要等到老公晾衣服，找不到衣架时，才想起"对哦！衣服还没叠，衣架还躺在衣服堆里"。老公似乎不好意思提醒我该做的事，学会适应，当作根本没这回事。

我不是故意的，是真的忘了我是别人的老婆，跟叠衣服一样，没办法整天记得。写稿、看书、听音乐、想事情、找题材、学习写剧本、听朋友倾诉心情，每天有好多事要做，真的没办法把"当别人的老婆"作为主业。

恋人也是一样，那种浪漫、约会、亲吻、浓情蜜意和爱来爱去的把戏，有当初学裁缝的热忱就不错了。兴冲冲买了近两万元的缝纫机，报了几期学习课，却没做出几件衣服，偶尔把缝纫机搬出来见见光，锁下裤边就很偷笑了。我当恋人顶多能做到学裁缝这种程度，再多就没把握能做到了。

想到自己只把恋人当副业，却要男人专职投入，每天都要记得说我爱你，随时想要体贴呵护，隔三岔五要营造浪漫场面，每个节日和纪念日都不能忘，任何时刻保持心灵交流，刮风下雨也要接送，哇，这样的女人太自私了吧！

"对不起。"我轻声说。

老公顿时停止愤慨激昂的谈话，一脸疑惑。我赶紧把思绪拉回老公身边，挤出一个微笑。

"你说得太好了！我投你一票！"我心虚地鼓掌。

> 私房秘语：爱情是一生的事业，不过，真的只能当作副业。

21　有些事，还是笨点好

我一向热衷帮人介绍男女朋友，老公说我是爱给自己惹麻烦，我却认为帮助别人找到幸福也是积功德。介绍的案例没断过，却没几对成功。撮合失败的原因大多是女方嫌男方，觉得男方不够好。

不够好的原因洋洋洒洒，最常见的有：

☆不够帅：我不是"外貌协会"哦，是站在优生学的观点，万一小孩遗传到他，不就毁了？

☆不够高：两人站在一起不好看！

☆赚得比我少：以后要我养他吗？

☆收入不稳定：我不要自由职业族，给我上班族，最好是前百大企业。

☆不懂生活品位：他连西班牙菜都没吃过，跟我配吗？

☆是独子：当他们家媳妇压力很大。

☆他抽烟：我不喜欢抽二手烟。

有些原因则较为特殊：

041

☆不会开车：不会开车还算男人吗？

☆不曾出过国：见识浅薄。

☆他不看书的：跟我能沟通吗？

☆他工作太忙了：我看他比较需要家政服务人员。

☆他飞来飞去：远距离恋爱太难维持了。

看，什么样的原因都有吧！我是开始帮人介绍之后，才发现女人真的很挑剔。老公说我不懂男人的苦，"一般女人只要长得还可以，不用漂亮哦，通常都会有人追，但男人不同，男人不只要帅，还要会赚钱，还要有车子、房子，经济条件要好，学历不能太差。如果一个男人穷，就别想娶老婆了！"老公强调。

"嘿，别一竿子打翻一船人，也有比较不挑的，像我啊！"我刻意在老公面前挥手。

"对，像你这么笨的是极品，不赶快娶回家，很快就被别的男人挑走。"老公说。

这样叫笨吗？我是说很会挑的女人比较聪明吗？我并不认为女人不能挑，该挑则挑，心目中想要什么样的理想对象，的确该有个蓝图，至少有个方向。但是，你挑的是什么，是理性的条件还是一时的感觉？挑来挑去，会不会把男人都挑光了？那些被你筛选掉的男人，真的不够好吗？有多少女人真的明白自己挑对方向了吗？

如果很会挑男人叫作聪明,那么我觉得,有些事还是笨点好。当个感觉迟钝一些的女人,先不设定严苛的标准去挑剔男人,试着相处,发掘两人的契合点,交换彼此的价值观;宁愿笨一点,慢慢来;你可能会发现,那些被你筛选掉的男人,或许不是条件最合乎你要求的,却是最适合你的人。

> 私房秘语:在爱情里,我们寻找的不一定是样样符合标准的得分冠军。

22 最狠的一招

这次姊妹聚会的主题是如何控制男人。一开场Serena就开心地宣布她成功地战胜游戏,赢回男友的心,"这一切,都是靠它才办到的。"Serena骄傲地挺胸缩腹,展现曼妙身材。

一如以往,只要有成功经验,姊妹纷纷追问。

"哎哟,就是那个嘛,说那么白不好意思啦,就是用……性来控制男人,就这样,我帮他成功戒除了游戏。"Serena红着脸继续说,"我就撂狠话啊,如果他玩游戏被我抓到,我就一个星期不跟他同房。几次之后,他就乖乖屈服了。"

"哦,好高端,用性来控制男人。"姊妹崇拜地望着Serena。

"我也试过这种方法耶,不过,没坚持多久,我就投降了。"另一个姊妹 Mia 笑得有点尴尬。

"我没你们有心机,我很简单,用钱控制他。把他的钱全转到我户头,说好听点是帮他投资,其实是管住他的钱。男人只要一有钱就作怪,相信我,没钱的男人就算想玩,也玩不出花样。"Ashley 说。

"那你呢?你都用什么方法控制你老公?为什么你老公那么听你的话?"Serena 好奇地看着我。

"控制男人?我没想过要控制男人耶!"我诚实地回答。

如果一个男人需要你用方法来控制他,不管是性、金钱或其他,那还算你的男人吗?当然,我也会有控制欲,想管住我的男人,让他乖乖听话。但是,男人又不是机器人,一个指令一个动作的,怎么乖乖听话?再说,将心比心,我不喜欢受控制,也不希望我的男人用任何方法控制我。再怎么说,人不应该因为爱一个人而丧失自由意志。

"所以你老公看起来很乖是假象啰?"众姊妹同情地看着我。

"他会很乖吗?我不觉得耶,也不认为爱情里有什么乖不乖的,你们真的把男人当小孩子看啊?"我笑。

"万一你的男人老爱做你讨厌的事,又无法沟通,怎么讲也讲不通,例如,跟朋友出去外面喝到三更半夜,或是跟女人暧昧,那你怎么治他?最狠的一招是什么?"Ashley 问我。

"离开他。没别的方法,只能离开他。这是我想到最狠的一招。"我回答。

当一个男人已经不在乎你的感觉,重复做着你讨厌的事,不断地伤害你,那你还留在他身边做什么?唯有离开他,让他失去你这么好的女人，才是对他最狠的惩罚。相反地，如果他重复做的是让他开心的事，并没有伤害你，你凭什么管住他？

> 私房秘语：想管男人？不如先管住你自己。

23 在银行下象棋的超人

"除了经济条件佳，还要精神层面能沟通，男生喜欢老师和护士，女生则希望对象是医生或律师。"刚和主持情感节目的广播主持人联机，聊到大家择偶的条件愈来愈严苛，让我想起一则网络流传的笑话。

有一个女生在网络上搜寻对象，开出两个条件：

☆要帅；

☆要有车。

搜寻的结果为：象棋。

于是该女生改了条件，输入：

☆要有钱；

☆要有房子。

搜寻的结果为：银行。

女生更改条件，再输入一次：

☆要有阳刚之气；

☆要有安全感。

搜寻的结果为：超人。

她不放弃，把所有条件都输入：

☆要帅；

☆要有车；

☆要有钱；

☆要有房子；

☆要有阳刚之气；

☆要有安全感。

最后搜寻的结果为：在银行下象棋的超人。

虽然搞笑，但我认为这则笑话是真的。很多人以为输入了想要的条件，严守条件筛选，便能找到正确的另一半。

我遇到过不少爱开择偶条件的男女，学历、职业、年收入、身高、长相、气质谈吐，每样都要兼顾，比选美和选秀节目还要严苛。其中Hana是最执着的，坚守原则，每一项条件都不肯退让。不过，随着眼角皱纹愈来愈深，她开始每年删减一项条件，终于幸运地遇见了符合条件的真命天子。

可惜，真命天子的好条件没能让她幸福，现实层面的好条件让老公一路升迁，飞来飞去，各国出差，两人相聚的时间愈来愈短，有时一个月也无法睡在同一张床上。心灵层面更别说了，婚前老公喜欢古典乐，爱看电影，Hana最爱老公与她分享心灵的感动。但婚后谈的不会只有电影和音乐——"盘子还没洗啊！轮到你洗了！""你的袜子怎么丢床底下？""是你放屁吗？好臭哦……"Hana觉得被骗了，真命天子是包装出色的瑕疵品，拆开了她才知道。

老公对她也大失所望，向我抱怨 Hana 婚前是个陶瓷美人，怎么婚后改走素颜路线，在家都不化妆，皮肤很差。我听了忍不住冷笑，很想对他说："欢迎来到地球！这就是血淋淋的真实生活！"

我受够了不切实际的条件论者，总以为开出条件搜寻，按下回车键，便能得出白马王子和美丽公主，再点一次"存档"就能永远留住幸福时光。所有的条件都是烟幕弹，真正的幸福没有条件限制。就算你找到符合条件的对象，也未必会有你期望的幸福结果。如果你还在坚守条件论，我只能说你太梦幻，不适合生活在地球！

> **私房秘语**：设定择偶条件只会限制你的幸福，不会增加爱情的成功概率。

24 倒追没好下场？

"亲爱的以飞，我很喜欢一个男生，但是我不知道该怎么向他暗示，我该倒追他吗？听人说女人倒追男人都没好下场，即使成功了，男人也不会珍惜她，是真的吗？"半夜两点，看到脸书上的留言，我忍住睡意，拼了命也要回。

太惨了！大家都被骗了，觉得女人倒追男人没有好下场。我倒觉得女人等着被追才没什么好下场呢！这是逻辑问题，往下看之前，请确定你现在脑袋够清醒。

问题：有个女生叫小花，长得很漂亮，各方面条件都不错，同时被五个男人追。如果你是小花，该选哪一个？限时作答，请开始！

"以飞，为什么这是限时题？"

"那当然，不赶快选择，你以为男人会追你一辈子吗？"

"五个选一个，很难选耶，不能五个都交往看看吗？"

"理论上可以，但技术上恐怕有困难……"

如果你是小花，一定很开心吧？好多人追哦，今天跟 A 男逛街，明天和 B 男吃饭，后天和 C 男看电影……每天烦恼该选哪一个当男朋友，但这种烦恼说出来简直叫姊妹淘嫉妒。不过，你发现陷阱了吗？

解答：你落入五个选一个的圈套啦！

同时被五个人追，我们会把这五个男人拿起来东比西比，试图选出最好的一个。如果被三个人追，问题变成三选一，依此类推。这种状况通常很难选，每个男人各有所长嘛！一号男对你细心体贴，但你怕他对别的女人也温柔。二号男比较会赚钱，但工作忙碌，没时间陪你。三号男老实，让人有安全感，可惜不擅察言观色，不懂读你的心情。真的好难选哦……你满脑子想的是怎么从候选人中找出最好的那一名，却忘了考虑最重要的——哪一种男人才是你真正想要的呢？说不定这五个都不是！

被追的女人拥有选择别人的权利，看起来风光，其实很可怜，常被追得最积极的男人征服，而不是和自己真正想要的男人在一起。而且交往之后，还常发现把你像小公主一样宠的男人变了！丧失竞争对手之后，王子不再过关斩将，成了平凡的男人，不会成天想着送你礼物和带你去玩。

相反的，没人追的女人可幸运多了，没有限定人选，海阔天空，有很多时间去思考自己想要的是怎样的男人，有很多空间去勾勒理想对象的蓝图。她们是主动去锁定自己的目标，而不是被动等着别人追。

倒追还是问题吗？别再相信女人主动没好下场，主动思考并积极选择自己理想的对象，我觉得这样的女人幸福的概率比较高。

> 私房秘语："倒追"这名词本身就是性别歧视，谁说女人不能主动追求自己想要的一切，包括男人。

25　当爱遇到下雨天

最近北方阴雨连绵，从地表到空中整个湿漉漉，让人懒得出门，更糟的是最近流行起皮草风，从雪靴、毛帽、长毛背心到毛茸茸的袜套，全都不适合走在雨中，出门成了新行头冒险记。遇到一定得冒雨出门时，我常想起网友转帖的问题：当你遇到下雨天，有三个男人各有不同反应。第一个男人会为你撑起一把伞，把伞往你的方向靠，自己淋湿了半边袖子还说没关系。第二个男生把伞让给你，说自己不怕下雨，淋湿了很凉快。第三个男生则忘了撑伞，拉着你的手，冲进雨里快跑。你会选择哪一个男人？

头一次看到问题，我思考良久，不知道如何选择。这三个男人都很可爱，用各自的方式在表现爱。第一个男人撑起伞保护你，第二个男人为了你牺牲自己，第三个男人莽撞却率直，不管晴时雨时，只想与你共度。

我和姊妹的三个男人刚刚好是三种不同的类型。Emily 的男人是第二种类型，话很少，Emily 常说不知道他在想什么。他开的公司直到财务出问题，面临倒闭危机，难以收拾，才让 Emily 知道。"之前上班的时候也是这样，他工作不顺利也不会让我知道，辞职了才告诉，不，是告知我。"Emily 常觉得他俩的关系不像情人，比较像亲密一点的朋友，"因为他什么都不告诉我，不找我商量，我好像局外人！"

然而旁观的我们看到的是他从不让 Emily 担心，不管是钱、工作、生活，所有一切，他总为天真的 Emily 安排妥当。面对 Emily 的不满，他也默默承受，不解释，不反驳。谁能说这样的男人不懂爱。

Ann 的他则是第三款，每天发生的大小事都要在 Ann 面前演说一遍，包括："整天被老板盯，真想不干了！""我面前的车根本就是智障，挡住我，害我多等了一个红灯！"这种小事。Ann 觉得他好爱抱怨，什么都有意见……"为什么会有男人话这么多？而且我做的每件事，他都想了解，要我讲给他听，好累哦……"最累的是他超黏 Ann，每次姊妹聚会，总是 Ann 最先被打电话叫回去。

Ann 受不了的他，刚好是 Emily 向往的典型；Emily 的男人则是 Ann 欣赏的对象。人总是互相羡慕，别人拥有的永远是自己缺乏的。这绝非爱情刚开始的剧情。开始交往时，Emily 欣赏他的男人凡事一肩挑，有担当，让她有安全感，现在则觉得他不爱沟通，让她没安全感。Ann 的男人黏她黏得紧不是新闻了，以前的 Ann 多么喜欢他的多话黏腻，男人没变，Ann 却觉得烦了。

我的男人属于第一种，他自己不爱撑伞，却会体贴地为我打伞，说是雨伞重，怕我撑久了手酸。我不知道这是哪里学来的甜言蜜语，但我知道，每个男人的温柔都不同，每次下雨的时候，你都能看见。

除非他抛下你，把你一个人留在雨中，否则，不管他是为你撑伞、把伞留给你，还是拉着你奔跑，雨滴落下时，请闭上眼睛，再次回想当初爱上他的原因，别急着嫌他不如别的男人温柔。

> 私房秘语：每个男人的温柔不一样，一样的是都需要赏识他的女人，才能感受他的温柔。

26　爱情的手表定律

村上春树有篇文章说，他刚结婚的时候家里没有时钟，也没有手表，真想知道时间的时候，就到附近的商店买包烟，顺便看看几点。后来，他得了文学奖，成了畅销书作家，有不少奖品和纪念品都是钟，家里的时钟多了起来。他开始觉得混乱，为什么每个时钟走得不一样。他开始喜欢坐下来，把所有的时钟拿出来，细心地调整，看着每个时钟一致的时间，觉得安心。

引起村上春树的混乱就是知名的手表定律，相信不只是村上，许多人都有同样的经验。如果在同一时间，看到自己的手表和别人的时间不一样，会担心自己的手表不准了，质疑哪一个时间才是对的。两块以上的手表并不能让人知道更准确的时间，反而怀疑起时间的正确性。

爱情也存在手表定律。我常收到一种选择题型的网友留言："以飞你好，我叫 Rica，现在有个男朋友 A，我们之间有一些沟通问题。最近，出现了另一个男人 B，他说喜欢我。A 的缺点，在 B 身上没有，但 B 也有一些 A 没有的缺点。请问我应该选择 A 还是 B？"

当你像 Rica 一样，同时有两个选择，就会开始混乱。我以为混乱的不是 A、B 哪个好，而是你一会儿觉得 A 好，一会儿觉得 B 好。并想要把 A 的优点搬到 B 身上，想要同时拥有这两个男人的优点，缺点则通通去掉。因为你同时看见了两种可能的幸福未来，便想要同时达成两个目标。你担心自己做错了选择，愈想愈多，可能连当初为什么会和 A 在一起，你都怀疑了起来。

手表定律又称矛盾选择定律，常运用在管理学上，一般专家的建议是：扔掉多余的手表，只留下一块手表。

在爱情的手表定律中，我也是赞成只留下一块表的人。拥有很多手表或许不赖，能搭配不同的衣服佩戴，但是当你渴望确认准确时间的那一刻，太多手表反而让你混乱。

更确切地说，我是讨厌看时钟的人。我喜欢没有时间观念的感觉，不管现在几点，我在乎的是现在——现在的情绪，眼前的心情起伏，当下的爱意。至于手上戴的是什么款式的表，比别人漂亮还是寒酸，都不重要。

> 私房秘语：当爱情有太多选择，或许已失去了选择的真正意义，变成了比较。珍惜你眼前的男人，不管他是不是你唯一的选择。

27　牛排遇上爱

我只会做三道菜——煮泡面、做意大利面和煎牛排。尤其是煎牛排，算是我的拿手菜（说拿手也不过是比其他两样常做，真不好意思）。老公爱吃牛排，常挑剔外面餐厅的牛排处理得不够好，我们便常买肉回来自己煎。

绝大多数都是老公做菜，一手包办家务事，每次想吃牛排，就是证明我对这个家有贡献的时候了。牛排依部位和厚薄差异，煎烤的时间不同，冷冻过的肉难度较大。但有时太饿，根本来不及解冻，就直接下锅了，这时得小心控制火候。

某天中午，我忙着擦指甲油，只好让老公煎牛排。当我咬着牙，嚼着过熟的牛肉，真觉得对不起上天，浪费了上好的肉。

· 053

"好像太熟了?"老公小声地问。

"还好啦!"我不得不"咬牙切齿"地回答。

"反正熟一点也好,不会有血水。"脸部快抽筋的我尽力安慰道。

一天中午,再度吃牛排。这回我自告奋勇,冲进厨房煎牛排。看着牛排在锅里滋滋作响,香味四溢,我犹豫了……他好像喜欢吃熟一点的,我以前会不会煎得太生了?我瞬间快速回想老公对生食的态度——生牛肉起司——不太爱!生鱼片——没兴趣!哦,我让牛排在热锅里多躺了一会儿。

一如往常,我们边看 DVD 边用餐。这部好莱坞喜剧片的笑点似乎引不起老公兴致,他面无表情地切着牛排。

"好吃吗?"我忍不住问。

"不错啊!"老公专注地吃着。

我卖力嚼着过熟的牛排,心想原来他喜欢这种锻炼牙齿的食物。

直到整部片快播完,我们好不容易解决了盘子里的牛排。收拾的时候,他嘟囔了一声,不知说些什么。

"什么?"我问。

"没有啦!"老公收了盘子进厨房,我拿着空红酒杯跟了进去,忍不住试探:"牛排好像有一点过熟,会不会?"

"我刚也是这么说。"老公承认,并干脆抱怨了起来,"吃得好累哦,嘴巴嚼得好酸。"

"可是,你不是喜欢吃熟一点的?"我辩驳。

"刚刚熟就好,这样太熟了。"老公答。

"可是你上次煎得很熟啊,我问你好不好吃,你还说好吃!"

我赶紧把上一次的事搬出来佐证。

"那是因为你啊！你不是讨厌血水，所以我才煎得熟一点。"老公解释。

"我哪有！我明明就喜欢生一点的，怎么说是为了我？"

我们俩就这样在厨房里争执了起来，他说是因为我，我则是因为他，说来说去都是因为想讨对方欢心，却惹得对方不开心。摊牌之后我们一起叹气，感伤浪费了好牛排。

我们总揣测别人喜欢什么，却常常忘了求证，把自己的以为当作对方的喜好。我忽然觉得想笑，不知道我和老公之间还有多少这样的以为。

"你真的喜欢吃牛排吗？"我问。

"当然。"

"我做的意大利面呢？"

"嗯……还好。"老公笑得有点勉强。

"还有什么？你喜欢什么？讨厌什么？今天通通一次给我讲清楚！"我抓住老公的衣领。

> **私房秘语：**"我会这样做，都是为了你。"下次在讲这句话之前，先搞清楚你的付出是不是对方真正想要的。

28　不选择就是一种选择

网友 Kelly 写信问我，从去年开始，她的同居男友有了新欢，一开始借口加班，很晚才到家。后来，三更半夜摸黑回家。现在，已经明目张胆，三天两头不回家。

"为什么不和他摊牌，要他做出选择？"我问 Kelly。

"我很爱他，所以一直想给他机会回头。"Kelly 痴心等待，希望男友玩累了会回到她身边。

很多女人和 Kelly 一样，遇到男友或老公出轨，都选择不处理，等待男人自己斩断"孽缘"。最近还在报上看见某艺人大谈她就是这样经营婚姻的。我觉得很恐怖！这种不处理其实就是一种处理，这种态度已经充分告诉男人"你可以忍受他出轨"。是你的姑息养坏了男人的花花胃口，给了男人乱来的自由，还要美其名曰这是女人"睁只眼、闭只眼"的爱情智慧……太可怕了！

或许你以为拖延是一种战术，只要你不放弃，男人就不会离你而去。事实上拖着不放只会让问题变糟，延长你的难过情绪，流逝的时间让你赔掉了青春，赔掉了快乐，愈来愈没有自信，渐渐失去筹码。

还有女人认为："这不是一个简单的选择题，我应该给他一段时间好好思考，好让他在我和她之间选一个。"问题是怕麻烦的男人多半不选择、不处理，总要等到另一个大了肚子，或是你受不了得了忧郁症，两个女人之间有一个退出，男人才顺理成章地做决定。

"可是，他没有说要和我分手，表示他还是爱我的啊！"Kelly回我。

你可能也边看边点头吧，觉得男人不选择离开，就是留恋，就是还有爱，于是这份感情还有挽回的余地，值得你付出等待。

其实，男人的不选择本身已经是一种选择了，他迟迟不下决定的行为正代表了他的态度。虽然没有离开你，也没有离开她，将两个女人都想要的念头美化成"因为我不忍心伤害任何人"。他并非真有那么善良，只是害怕，他不敢下决定是因为根本不知道他到底爱谁。

此时，他的不离开，已经是一种离开，他的不选择，就是一种选择。这样的他说有多爱你，都像借口和谎言。而你，还要苦苦逼自己等待，让别人来为你的人生做决定吗？

> 私房秘语："睁只眼、闭只眼"只会让你变麻木，不会让他更爱你。

29　爱的求救信

"亲爱的以飞，我真的很爱他，没有他，我的生活失去了意义，请告诉我该怎样做才能挽回他？"我原以为寒冷的季节不容易有分手的念头，两个人的体温暖和多了，没想到，最近收到的求救信，有一半以上是这样的。

来信的男女都很有耐心，详细书写他们交往的过程，怎么认识的、如何开始相爱、出现冲突和争执、为什么对方会提出分手……文笔细腻感人，情节曲折，媲美坊间的爱情小说。

然而我总看得心酸。虽然没有提起笔，我也曾在内心一次又一次书写这样的爱情——"为什么我这么爱他还不够？""是不是我做错了什么，他才会选择分手？""我该怎么做，才能挽回他的心？"我像是执迷不悟的观众，不断回想已经播完的电影，检查每一段剧情，企图找寻哪里出了错，不顾幕已落下，仍坚持坐在戏院不肯走。

这种被爱情遗弃的心，绝不是读了一两封信就能释怀，更不会因为旁人的三言两语就放得下，但我仍会回信，持续地安慰和陪伴，这是我唯一能做的。我无法传授挽回的招数，因为逝去的爱就像流逝的时间，无法挽回。一个人的心走了，不管你再做什么，都没有用！来信的人应该也知道这个答案，只是不愿承认罢了。

该怎么把握一段感情，才能让对方离不开你，不让爱情的幕落下？我的答案是："当你能接受对方离开，他才不会离开。"乍听之下很没道理，却是我深刻体会的心得。我们总是担心爱会改变，害怕爱你的人忽然有天说不爱了，于是我们索求更多的爱、更多的承诺，怀疑他、监督他、掌控他，却没意识到爱在这样的煎熬中渐渐蒸发，到最后只剩空洞的誓言。

你掐着他的脖子质问："你不是说过要永远爱我，为什么变心了？"即使他说了一百个理由，你仍得不到答案。

人是喜好竞争的动物，当有个人愿意无条件地爱你，你会因为被爱而闪闪动人，变得特别吸引人。这道理就像我们永远觉得别人手中的冰激凌比较美味，当你被爱着，很容易出现第二个人想爱你。

不管你现在有没有人爱，你自己必须先当第一个爱你的人。当你爱自己够多，他便会爱你更多，仿佛与你的爱比赛，愈来愈爱你。如果连你自己都不愿意当第一个爱你的人，如果连你都认为自己没有什么值得爱的，又有什么条件去要求别人爱你，且永不变心？

> **私房秘语**：当你有足够的爱喂养自己，可以一个人生活，不需要别人的爱也能活，那个爱你的人，才会深深被你吸引，舍不得离开你。

30　人人都有事业线

"你有事业线耶！"某天去录像，正在对节目流程时，一位女来宾对我说。

"事业线不是人人都有吗？"我伸出手掌，疑惑地察看。

"你居然不知道事业线是什么？"同桌的工作人员跟着女性来宾一起睁大眼睛，讶异地看着我，仿佛我是不知道美国总统是谁的外星人。

这时坐在我身边的老公笑了，夸张地扬起声调："你真的不知道哦？"瞬间我被排挤了，这算是搞笑版的霸凌吗？

原来女人胸前的深沟已经有了新名词，叫作事业线。这来源说法不一，有人说是某电台主持人首创的譬喻，有人说是舞台剧、电影里的台词，经传媒广泛散播，广为人知。意思是乳沟才是女人的事业线，愈是深邃、显眼、绵长，事业愈有发展。以明星艺人而言，有好的事业线便有好版面，所以大家拼命挤，想在命运的掌纹之外，挤出一条能自我掌握的事业线。

听起来颇有女性成长含义的，我命在我不在天，成功掌握在自己胸前，全靠你努力地挤。只不过，太多人渴望成功，垫胸贴、缠封箱胶带、针灸、电击、按摩猛掐、求助医学美容……什么招式都来，一翻开杂志、打开电视，波波相连，一波未平一波又起，让我头晕目眩，完全看不出众女性艰辛奋斗的成果。

然而，我认为这只是传媒意外带来的伪价值，跟某些夸大不实的广告一样，喝了它15分钟感冒立刻痊愈，有了乳沟事业蒸蒸日上……这些催眠般的宣传让女人们相信拥有好身材，才能上天堂，过上幸福快乐的日子。

虽然维持好身材能让自己更有自信，但是，有好身材不见得有好运气，更不见得能遇上好男人。如果一个男人"最"爱的是你的身材，在他心中，你不过就像他手上的名表，是他在朋友面前展示权力与能力的工具。如果一个男人"只"爱你的身材，那你的地位更低了，跟最新上市的手机没两样，不管他表现得有多渴望你，一推出更新款的手机，就把你忘在抽屉角落。

看到女人们努力经营事业线，我乐见其成，但如果认为没有乳沟就失去魅力，得不到男人的关爱，那你真的看扁男人，也看扁自己了。

> **私房秘语**：经典美女奥黛丽·赫本没有深邃的事业线，却拥有成功的事业和动人的美丽。

31　爱情证照

最近迷上了赛车游戏。平常老公在路上开车只要高于道路速限，我马上就会发出警告，比卫星导航还厉害，可是玩游戏就不同了，开得再快也不会出事，我乐得东撞西撞，把保时捷、法拉利、玛莎拉蒂全都撞过一轮，常以最后一名收场。没想到当我的好姊妹Lisa来我家，她第一次玩就跑出第一名的好成绩，看得我嫉妒。

"玩游戏比开车上路简单太多了，想我满十八岁就拿到驾照，而且还是一次就考过哦，开车到现在，没几个男人技术比我好的。""不会开车就跟没脚一样，难道你想一辈子让老公载吗？""自己开车，爱去哪就去哪，每个女人都应该会开车，不需要事事靠男人。"Lisa得意地说着自己开车的本事，还对我没驾照这件事嗤之以鼻，狠狠地教训了我一顿。

没错，我不会开车，也不太会煮饭，更别说是换电灯泡等高危险工作了。不像Lisa，除了驾照之外，还有烹饪、插花的证照，连甲级电匠跟木工证照都有。我常开玩笑说，她都快可以自己盖房子了，因为需要的证照，她一张都不少。

我曾经问过她，没事考一堆证照做什么？她的回答很简单，纯粹是因为要证明自己，不需要男人，她也可以办成很多事，事实上她真的做到了，截至目前她依然是单身。

我常常在想，证明自己真的很重要吗？身为一个十项全能、完美无缺的女人，真的就会幸福吗？我不相信，甚至我认为这是个恶性循环，因为身边缺少另一半，有很多事情办不到，所以强迫自己学习那些办不到的事，长久下来，发现自己已经无所不能，那一般的男人便配不上自己了。到最后只能用"这世上配得上我的男人只有两个，一个死了，另一个还没出生"这句经典台词催眠自己。

没错，我就是个依赖鬼，我常常学不会很多东西，但是没关系，我老公会就好了。开车，太累了，坐在旁边吃吃零食、讲讲笑话不是很好吗？真的想开，打打游戏不就好了，花一堆时间考证照，还不如拿这时间来挑老公呢！

> 私房秘语：爱情的证照只需要结婚证书就够了，过多的证照并不会帮助你证明自己。自己就是自己，为什么还需要证明？

32　拖戏女王

世界上有两种女人。第一种女人的爱情是单元剧，分手绝不拖泥带水，一天就分了。然后在家哭两天，第三天就能跟姊妹上街唱歌、做水疗。第七天就能敞开心胸认识新的异性朋友。第二种女人的爱情则是八点档，从开始谈分手到真正分开，可以拖上200集。

可惜大部分女人都很爱演，属于第二种，她们有个特色，就是天性善良，相当会为对方找借口。

发现男友劈腿,她会哭着说:"可能是我在床上无法满足他。"(那50%的男人和70%的女人都该去劈腿?)

男友失业又不去找工作,她会乐意把钱借给他,并且告诉大家:"他真的很有才华,可惜没遇到伯乐。"(只有千里马遇上伯乐才有戏,懒到不愿意奔跑的马不是马,是寄生虫。)

男友酗酒,她会说:"他工作压力大需要放松。"(哪一种工作是没压力的?)

男友脾气暴躁,她会说:"他可能生病了,有躁郁、忧郁还是焦虑症,不是故意的。"(这时代真好,做坏事全推给精神官能症。)

男友不懂得尊重,她会说:"从小他爸爸就比较大男人主义,他被影响,没人教他怎么尊重女人。"(你的志愿是当老师吗?)

男友认为个性不适合,还是分手吧,她会说:"我哪里不好,我改!你说了我一定改!"(如果他说从头到脚都不好,你要去全身大整形吗?)

如果两人争执不断,常为芝麻绿豆的小事吵架,她会说:"我不想因为这点小事而分手。"(三天两头吵架还叫小事?)

我觉得这种女人适合当编剧,超会拖戏,能多收几集剧本费。可惜爱情不是连续剧,明明遇上糟糕的对象,还不断为对方找借口,把自己的爱情拖垮,根本就是自残。

一个好编剧懂得何时该延长剧情,增加高潮戏,更懂得何时该删减剧情,狠得下心收掉废戏。一个女人想要爱情开花结果,也必须学会何时该狠得下心分手。

> **私房秘语**:遇上滥男人还舍不得分手,并不代表你比别人重感情,比别人善良,反而突显你的盲目。

33　跟乔布斯学挑对象

"你是怎么挑到你老公的？"一周内被问到这个问题的次数，差不多跟被银行问需不需要贷款的次数一样频繁。

"我闭着眼睛挑的。"我常这么回答，大家都不相信，但事实上真的很接近。

当时我们还是朋友，老公开车，我坐在副驾驶座，天色晚了，我们正随口聊着。前方的红灯亮起，他踩刹车，恰恰停在一辆破旧的出租车后方。我发现那台出租车的后保险杠被撞得歪七扭八，用红色的塑料绳勉强绑住，显然塑料绳的力量不够，虽然缠了好多圈，后保险杠还是歪歪斜斜的，随着车身震动而晃动，看起来真的很像小朋友没粘好的手工作品。我忍不住笑了，觉得有趣。身旁的他却叹了一口气。

"车子撞成这样，没钱修，还出来做生意，可见他日子多不好过。"

我的笑容霎时僵硬，问："说不定他正要开去修。"

"你看他车顶的灯亮着，还在招客人。这样的出租车只能趁晚上开，白天没人坐。"他说。

当时，我就确定这个男人会是个善良体贴，为人着想的好男人。事后证明我的判断没错，老公的确很优秀。

"只凭一台出租车，你就觉得他是好男人，太武断了吧？应该要多多观察其他方面，考虑他的收入、职业、家庭背景、嗜好、习惯、价值观……不是吗？"可能你会这么说。

你是对的，考虑一个对象决不能只凭一点，但你必须搞清楚最重要的是哪一点。很多人开了一堆条件，外在的、心灵层次的，就怕漏掉了某一点，将来会发生问题。我反而认为，比起你想要的，必须更确定什么是你不想要的！

比方说，一个女人最受不了男人爱搞暧昧，即使他条件再好，对你再好，只要爱搞暧昧，就不该交往。即便你们相处再甜蜜，只要他改不掉爱搞暧昧的问题，你们就容易争执，很难有好结果。反过来说，如果有个男人不见得满足你每一个条件，然而，他没有致命的那一项缺点——爱搞暧昧，你们之间就减少许多争执。或许你们无法一见钟情，却能在相处中渐渐培养出更多好感。

所以挑对象时，别急着把你想要的条件一一比对，先剔除你最难以接受的那个缺点吧，成功率会大增。你不相信吗？不妨参考一下成功经验。苹果公司的创办人乔布斯成功创造多项销售奇迹，引领风潮，他的前上司约翰·斯卡利提到乔布斯思考时有个独特之处，"他认为最重要的决定，不是决定要做什么，而是决定不要做什么"。

我认为这个思考策略运用在挑对象上有异曲同工之妙，男女皆宜。

> **私房秘语**：偶尔也该逆向思考，你是不是专注在想自己想要什么，忘了考虑什么是你绝对不要的？

34　单身比较好?

　　一整年中,我最喜欢年底了,岁末大清仓,各种折扣出笼,买二送一、多一件折扣更多,不但大大满足购物欲望,还能正大光明地说服老公,买得愈多,省得愈多,通常十次有九次会得逞。不过我并不是要鼓吹购物的快感,而是要聊聊一个人的幸福。

　　"单身比较自由。""多一个人很累赘,没事我干吗要去配合对方。""我有自己想做的事情,不希望被男朋友给绑住,无法实现自己的梦想。""我可不想跟哥儿们出去玩,还要打电话征求女朋友批准。"很多被问到保持单身想法的人,通常使用上述回答应对,说真的,这些理由仿佛拥有无坚不摧的外壳,能抵挡任何挑战。

　　我并非歧视单身,每个单身的人有各自不同的原因,单身并非是一种原罪,也不是一种缺憾,不过我想探讨的是一种态度。很多人维持单身只是自我催眠。就像一直洗冷水澡,久了就不怕冷了。感情也是一样,经过长时间的自我催眠,告诉自己一个人也无所谓。当你有了对象,不管是谁,你都会觉得自由被剥夺,都懒得去配合另一个人,自然而然,感情也难有结果。

　　当然,如果你真心认为单身很快乐,大不了就是下班了一个人回到家,拿出一副碗筷吃饭,伤心的时候一个人找有空的朋友聊聊,节庆一个人度过,遇到困难的时候自己解决……只要你觉得可以,单身真的没什么大不了,我相信有些人比较适合单身。

然而，如果你感觉单身比较好只是因为上述的自我催眠，那么，单身对你真的不太好。尤其不少人有奇怪的观念，觉得承认自己渴望找对象很丢脸，我还发现很多女人觉得跟男朋友提出自己想结婚，是件尴尬的事。仿佛明说自己不想要一个人、很想要有人爱、很想有个伴、很渴望婚姻变成了古板落伍、不时尚，更是没自信的表现。

我不清楚这些偏差的想法怎么来的，倒是很清楚想结婚这件事，就跟减肥一样，最好大声向身边的亲朋好友宣布，比较容易成功。还好我已经结婚了，不必担心那么多，只要担心减肥的事就好。

身为人妻，我必须告诉大家，两个人真的比较好，单身最大的坏处就是购物之后必须自己一个人把战利品搬回家，那可是很辛苦的啊！

> 私房秘语：一个人的幸福不算少，两个人的幸福刚刚好，三个人就不太妙！

35 前男友的喜帖

"你接过前男友的喜帖吗？"农历年快到了，不少人赶着结婚，最近连续有几个朋友这么问我。不只身边友人，连演艺圈也传出不少前女友被炸的新闻。

"我当然接过。"只要分手后还能做朋友,或是保持一般礼貌性联系的人,应该都接过旧情人的喜帖吧,人数应该不少。

"那你会去参加喜宴吗?会包红包吗?"

"要看当初怎么分手的。如果当时撕破脸,分手分得非常难看,他还敢发喜帖给我,我佩服他,少说也会包个两千。但如果是他对不起我,还敢炸我,那我会打电话订五十个比萨到喜宴会场。"当我噼里啪啦说完,才想起发问的姊妹远比我沧桑,前男友劈腿七次,她原谅他六次。

"他还在 QQ 上跟我说,希望得到我的祝福。"她说。

什么心态呀,自己做错事,趁着结婚前威胁别人原谅,到底是想趁机一笔勾销,还是想满足自我?不管哪一种心态,都要不得,不顾虑别人感受。

"他还跟我说,其实他不是很爱他即将结婚的女友。"她补充。

我不想订比萨了,很想改订五十个炸弹,炸醒这个差劲的男人。

"我觉得他完全没改嘛,很为他未来老婆担心,但那是他的事,跟我无关了。"她说。

是呀,旧情人的幸福其实跟我们无关了。如果他过得很好,找到与他更契合的对象,无须我们的祝福,他们也会过得很快乐。恐怕你的祝福还会让他的老婆误会,以为你难舍旧情,觊觎她的老公。如果他过得不好,依旧是过去那个不成熟的他,我们又何须多此一举,祝福他会变成更好的男人呢?

以前的我,总是抱持着希望爱过的每个男人都能幸福的想法,不管有没有收到喜帖,我还是会祝福他。然而现在的我才明白,分手后,真正需要祝福的人是自己。离开他之后,你是否过得更好?有没有更快乐?找到自己的幸福了吗?

从小的教育让我们总想当好人，以为忍着自己的伤痛记忆，笑着祝福伤害过你的人，才是真的原谅，才是真的释放，才叫作和自己和解。然而，那样的祝福并不真心，是自我勉强，反而才是放不下。

> **私房秘语**：有时候，遗忘是对旧情人最好的祝福。

36　忽长忽短的爱

"你有多爱我？"老公开玩笑地学着我平日撒娇的口气。

"嗯，大概这么爱吧！"我比出一颗洋葱左右的大小。

"才这样？"老公讶异。

"好吧，再多一点。"我把洋葱变成了卷心菜。

"好少哦！"老公似乎认真了起来。

"不要灰心。"我拍拍老公的肩，"它会长大的，比方你做了我爱吃的菜，或是带我去购物，它就变得这么大！"我用两手比出葱的长度。

"不过，要是你不认真听我讲话，或是对我生气，它就变这样！"我用两根手指头比出一颗豌豆。

"吼，你的爱还会伸缩哦，忽长忽短的！"老公拍了拍我的头。

我的确认为爱是会变的，一会儿长一会儿短，不可能永远维持同样的长度、大小。当对方体贴你，做出让你开心的行为，你的心会感动，对他的爱瞬间增长；相反的，当他伤害你、欺负你，做出让你难过的事，你对他的爱也会减少。

"不是吧，爱怎么能忽长忽短，应该是爱了就爱了，要一直努力保持同样的爱，直到分手为止啊！"我的好姊妹Jocelyn极度不屑我的观点。

"哦，如果他打你、偷吃、羞辱你家人，你对他的爱还是要保持下去，一点都不能减少？"我问。

"当然不是！"

"如果他对你愈来愈好，你对他的爱也不会变多？"我又问。

"哎哟！说歪理我说不过你，但是，哪有爱情是变来变去的啊！"Jocelyn瞪我。

"好冤啊，我明明就跟你讲道理，怎么变成歪理？"

我想很多人都会站在Jocelyn那边，认为一旦爱上一个人，就要专情付出，不应该一会儿付出，一会儿收回，今天爱多一点，明天爱少一点。问题是——爱是活的，不是死的，爱是相爱的两人互动的过程，不是机器运算出来的数字，怎么可能永远不变？

很多人都上了当，相信爱了就不能减少，付出了就不能收回，宁愿忍受对方不忠、不堪、不尊重的对待，也要死守爱维持不变的原则。以为这样才叫作真心，才是对爱情负责。一旦你认为付出的爱不能忽大忽小地缩放，便失去了权衡对方值不值得你再爱下去的能力，只能义无反顾，一路爱到底，等于是把自己的感情放在砧板上，任人宰割。

"这样太死脑筋了吧！"

"是你太滑头，听起来有道理，其实根本不正确。"Jocelyn反驳我。

"哦,要不然,请你指导一下,多长的爱才是正确的?"我从抽屉里拿出布尺,扔给 Jocelyn。

Jocelyn 看着布尺上的刻度,说不出半句话。

> 私房秘语:让爱保持一点弹性,也让人生多些自由。别担心,真爱会随着两人的经营而成长茁壮。

37 男人的性价比

"绝对不要嫁给你最爱的,要嫁就嫁性价比最高的男人。"最近好姊妹 Kathy 说起一种新的爱情论调,是她多年丰富购物经验得来的灵感。

Kathy 准备结束单身生活,清出了许多东西,放到网络上拍卖。收藏多年的精品应有尽有,从名牌包到设计师服装,琳琅满目,价格又实惠。

"你不会舍不得这些漂亮东西吗?"我问 Kathy。

"并不会。"Kathy 斩钉截铁地说。

"每一样都是你细心挑选的,现在这么便宜卖出去,多可惜!"Kathy 品位好,眼光佳,她买的每样东西不是设计独特,就是质感满分。如果这些好东西是我的,才舍不得卖呢!

"我从来不买我喜欢的,所以不会舍不得。"Kathy 语出惊人。

"你买的不是你喜欢的?不喜欢干吗买下来?"我听不懂她的逻辑。

"我只买性价比最高的。"Kathy 举例说明,如果买了一件你很喜欢的衣服,你会舍不得穿,穿上了怕弄脏、怕钩纱、怕多洗几次旧得快,提心吊胆的,简直买来折磨自己,多不划算!

"买东西要讲究价格效能比,用较低的价格购入较高性能的商品,所以买性价比高的才划算,像那种真皮大衣不到五千、难得打五折的名牌货,或是明明只花五百块,穿起来却有两千块质感的洋装,推荐必败。"Kathy 一谈起购物经,眼神灵动,神采飞扬,全身都来劲。

她的模样让我想起几个月前,她跟我们介绍未婚夫 Fred 的神情。

"你选男人该不会也……不选最爱的那个?"我怀疑地问。

"当然!绝对不要嫁给你最爱的男人。"Kathy 强调,选择最爱的男人就像穿上你最喜欢的衣服,一天到晚提心吊胆,怕他离开你,担心他出轨,你的情绪被他左右,简直活受罪。

"如果是你不怎么爱的男人,那就没关系了,未来即使他出轨,你也不会太伤心,就算分手了,你也比较放得下。"Kathy 说得头头是道。

"所以 Fred 属于性价比高的男人?"我快昏倒了。

"没错,我分析过,追我的几个男人里,Fred 条件最好,跟我的价值观相近,沟通容易,而且他喜欢我的程度远超过我喜欢他,整体而言,算性价比最高的……喂!你怎么脸色惨白,不舒服吗?

要不要看医生?"

"需要看医生的是你吧!要嫁一个你不怎么喜欢的男人,还掰出一堆歪理,肯定是病了……"我担心地看着Kathy。

> 私房秘语:买东西和选男人差别很大,人不是商品,无法标价,也没办法用性价比来判断。

38 哪个阶段才算劈腿?

"从哪个阶段开始,才真正算是劈腿?"看到流行杂志的标题,在微博上和网友讨论起来,发现每个人的定义都不同。

"当然是上过床之后啦!"男性网友意见很一致,皆认为发生过亲密关系才是货真价实的劈腿。

"反对!精神出轨就算是劈腿了。"不少女性网友持相反意见。

"我觉得每天都上线'见面',就是劈腿。"网友爱美丽说。

"没错,我男友每晚和女网友约好时间一起打网络游戏,明明就是不忠,他还坚持说没有对不起我!"网友葡萄紫大吐苦水,抱怨男友宁愿上网赴约也不肯陪她出去买东西,常常边和那女生打游戏,边和她讲电话,明显脚踏两条船。

"你男友还算忠诚,至少没和她见面。我男友几乎每天载女同事回家,下班还一起吃饭,说要讨论案例。我敢打赌他们两个一定有鬼,他却打死也不承认,说我疑心太重,不信任他!"网友 Kelly 发言。

"Kelly,你的还不严重,我的男友才夸张!我登录他的信箱,偷看他的信,发现他搞暧昧……他居然恶人先告状,反过来骂我侵犯他的隐私,威胁说要告我!"网友 Marie 说。

"男人都一样啦,被活逮仍然有本事否认,编一堆借口。"女性同胞同仇敌忾,愈说愈激动。

"是你们女人自己想太多,什么暧昧来暧昧去的,根本是捕风捉影,冤枉男人!"男性同胞也不甘示弱,群起而攻,气氛愈来愈火爆。

到底哪个阶段才算劈腿?显然男女认知差很多。女人往往无法认可男友与其他异性有情谊上的交流,认为那样就是恋爱,属于精神出轨。然而怎样的行为算是精神出轨,众女性同胞核定的标准不一。有人不能忍受太常打电话联系,有人则是不能接受单独见面,有人认为常提起某个女生的名字就算违规,有人则讨厌男友伸出援手帮助其他女人,认为这就是暧昧……

我发现大家的标准都很严苛,希望男友的眼里、嘴里、心里都只有她一个女人,别跟其他异性往来。

以这种标准认定,我应该是天天搞暧昧,常常劈腿了……幸好我嫁的是男人,男人的标准比较宽松。

"你知道你有多么幸福吗?"经过这场讨论,我才知道我有多贤惠,当天晚上立刻在老公面前宣传。

"怎样?你又做了什么亏心事,干吗讲话变温柔?"老公面不改色地问。

· 075

"才没有！我是要说你运气真好，娶到我，我都不会一天到晚怀疑你劈腿，你用不着编借口骗我，省下不少时间耶！"

"对，省下的时间刚好来侍候你，帮你烧菜、洗衣服、熬中药，做牛做马，我好幸福……"老公冷笑地说。

> 私房秘语：女人别紧张，放宽一点标准，公平对待男人。管太多反而让对方想逃，爱怀疑会制造不必要的摩擦。

39　女人的美丽是男人的责任

"她嘴巴怪怪的，一定去打针了！"电视上一堆女明星笑起来表情怪异，我一定会要老公过来一起检查。

"打针现在已经是全民运动了，要不然现在电视画质这么好，有皱纹能看吗？"老公以科学式的口吻分析着。

的确，脉冲光、肉毒杆菌都是女人跟时间拔河的武器，有没有比较和平的方式啊？

女人真的很辛苦，要保持美貌得花出莫大的代价。

"只有懒女人，没有丑女人。""糟糠之妻。""不要让老公回家看见一个黄脸婆，否则小三就会乘虚而入。"这些话就像紧箍咒一样，牢牢地套住每一个女人，每天不断地在各个地方都可以看见、听见。

"那我也去把胸部做大一点好了。"我试探性地询问老公。

"想做就去做啊，不过我是觉得不用。"听起来很像是怕花钱，我必须问得深入点。

"那去美白牙齿吧？"其实我心里最想做的是这个。

"也不错啊，要多少钱啊，应该不贵吧？"老公反问。

"是比做胸部便宜啦，大概两三万元吧。"我老实说。

"不过你牙齿看起来蛮白的啊，应该不用再美白了。其实，我觉得你现在比以前漂亮多了！"

"是吗？我看你是舍不得花钱。"

"不信你看看以前的照片。"老公拿出旧照片，最近他买了底片扫描机，翻出很多旧照。他还真没骗人，照片上的我好丑啊！天啊！

"还好你遇见我，要不是我，你现在可能更丑了。女人就是要有一个好男人在旁边照顾，心情好，过得好，自然就漂亮了。"老公一脸骄傲。

如果说这是阻止我花钱的借口，我必须承认，真的是无懈可击。

但事实真的相差不远，每次姊妹、同学聚会，总会有几个感情生活不开心，她们脸上真的少了一些光彩。或许女人的美丽是身边男人的责任，可以用来观测男人对她的爱。

"晚了，该喝中药了，喝完就去睡吧，不可以再看书了，不然又睡不着。"老公叨念着。

拿着老公热好的中药，喝下去还真是有幸福的感觉耶，我瞬间觉得自己仿佛变得更漂亮了。

私房秘语：用幸福拉皮，不痛，无副作用，而且可以在家 DIY 哦！

40 把爱当成全部……

"看到一篇网络文章说爱一个人爱到七分就好,留三分爱自己。但谈恋爱又不是煎牛排,还能控制几分熟吗?我只会全心全意付出,没办法保留几分不去爱,难道不行吗?"微博上的网友这样问我。

事实上我也是没办法精准拿捏付出分寸的人,同样对"爱七分就好"的论点有疑虑。不过前几天,我重看了柴门文的漫画作品《小早川伸木之恋》,有了另外的观点。故事描述已婚的小早川医生有个疑心病重的美丽太太妙子,妙子的生活重心就是爱情,每天最期待的是老公下班回家,两人可以一起聊天、吃饭、睡觉,除了和老公在一起,对其他的事都没太大兴趣。如果老公晚回家、联系不上,她就担心老公有外遇。

如此爱他的太太却给小早川莫名的压力,他工作忙碌,回到家还不得休息,必须随时表现出一副很爱老婆的样子,稍有闪神,老婆就会哭闹。此时的小早川遇上了一位善解人意的红粉知己,即使不见面也没关系,不联络也不会生气。这段毫无压力的爱让小早川的婚姻出现了危机。

整部漫画以男人的观点来看婚外情,巨细靡遗地描写妙子热烈的爱如何给老公压力,导致(或者说逼迫)他出轨。身为人妻,我不赞成婚外情,但身为读者,我的确同情男主角。

故事中有一段情节：妙子并不想当一位人人羡慕的医生夫人，她想要和小早川医生一起去当大楼管理员，这样就可以一天到晚在一起了。看到这里我忍不住笑了，这种想法我也有过，虽然没有夸张到想转行，但为了和"他"多点时间相处，我曾考虑换工作、曾飞到"他"所在的城市去、曾想搬家住得近一点，甚至企图改变对未来的规划……这种当时全心投入、毋庸置疑的爱，现在看来，却跟无理取闹的妙子没什么两样。在自认为百分之百付出的同时，索求对方同样要百分之百的响应，如果得不到，就觉得"他"不重视我，觉得爱情不可信，觉得自己好可怜。

"爱七分就好"或许是知易行难的论点，但把爱当成你生活的全部——绝对是错误的决定。当你把爱当成全部，等于把你所有的喜怒哀乐变成他的责任，也等于把所有压力集中在他身上，让他受苦，也让自己受困。有一天，当他受不了，想稍微松懈一下，你就觉得受伤。

你可以百分之百付出，可以以爱为生活重心，但千万别忘了在两人之间留下一些空隙，让自由的风可以穿梭，让彼此的差异有空间伸缩，让疲倦的心有地方栖息。真正的爱圆满无缺，自身已是全部，不需要你硬把爱情当成生活的全部，才称之为爱。

> 私房秘语：把爱当成全部，可能会失去全部！

41 温柔签收簿

最近开始去学校教课,如果不是学生提醒我,我常会忘了签到。神经大条的我常忽略这种文书作业,不只是在学校,回到家也会忘。以今天为例,起床不过两个小时,我已经漏签了两次。

第一次是在床上被吵醒时,老公祝我情人节快乐。

"今天怎么会是情人节?"正觉得奇怪,突然记起三月十四是白色情人节,对哦!不过,老公以往连情人节都需要人广播提醒,怎么会记得白色情人节?太奇怪了!不像他!我马上联想到他最近沉迷地图日记,交了一堆网友,大概是网友说起吧。但这种事绝不是男生之间会聊的话题,一定是跟女生,哪个女生啊?我有点吃醋。脑中快速搜索他最近提起的几个女网友……就在此时,猫儿子跳到身上,打断了我的思考。

后来,在客厅看电视时,老公对我说:"你的手机充好电了,去把它收起来吧。"我有点不高兴,既然你注意到充好电了,干吗不顺手收起来,还要指挥我?没看到我很忙哦,边看电视还得边吃饭。由于电视播的是喜剧,我正在笑点上,便忍住没发作。

直到老公去洗碗,我想说吃饱饭动一动,顺手收一下桌子,才发现他帮我的手机下载了新桌布,是我最喜欢的卡通人物。这时我恍然大悟,把刚起床的情人节快乐和桌布连在一起,原来这是他送的情人节小礼物。我不但没发现,还怀疑他和别的女生搞暧昧。

老公不是什么温柔浪漫的品种,也不擅甜言蜜语,我总是抱怨他对猫比对我还温柔。我家的猫儿子养尊处优,吃完饭会讨摸摸,老公总能耐心地摸上它十来分钟,偶尔还超时。猫儿子一天要吃三四次饭,加一加老公一天少说要在它身上花一个钟头。可是对我,一天有温柔一小时吗?哼,答案是否定的。我想天底下也没有几个男人一天会对女人温柔一个小时以上,我早就看透了……我常这样说给老公听。

　　然而,今天才发现,或许是女人忘记签收了。不像我学校的签到簿,没签不能领钱;不像公司的打卡机,没打卡会被骂;当男人的温柔传送过来时,我们常忽略,忘了签收。于是男人偶尔的温柔老是被当作没这回事或转身就忘,然后在吵架翻旧账时,女人又拿出来说事——你都不温柔!对我不用心!根本就不爱我!

　　"你下次弄个签收簿,算算看我哪一次不是你叫我我就来。"有回吵架,老公曾如此反驳过。我想下次也弄个温柔签收簿好了,提醒自己不要忘了对方每一次的付出,即便是微小如粉刺,也是一种柔情。

> **私房秘语**:爱就是学习感谢他的付出。

42　一丝不挂的爱

"跟你说哦，我有一个网友说谎被女友识破，想请我帮忙想办法解释。"老公最近跟不少网友聊天，敏感的我听见"说谎"两个字，顾不得电视上最喜欢的选手正要上场演唱，立刻拉长耳朵，提高警戒。

"他只是跟前女友在路边巧遇，坐下来聊两句而已，又没什么！现任女友打电话来却害怕得不敢说实话，怕被误会，只好说谎。但谎话又说得坑坑巴巴，当场被识破。笨蛋，说实话不就好了！"听到这边我放心了，果然家教严还是有好处，眼前一整个呈现猫咪听话老公乖的祥和状态。

"光天化日在路边聊天，还能干什么，有什么好骗的。看吧！现在解释再多也没用了，说什么他女朋友都当他说假话，真冤！"老公说。

我趁机加强教育："没错没错！不但冤还很累，说了一个谎，必须再撒一个谎来圆，谎言愈滚愈大，别说记性差的容易被抓包，记性再好，也记不住曾说过的每一个谎。做人不必那么累，对吧？"看到老公点头，我终于放心去看电视。

跟老公交往以来，我们最常一起做的活动就是聊天。每天分享彼此发生的事、看见什么新闻、遇到什么人、在想什么、看了这本书有什么感觉……可以从起床一直聊到睡前。说真的，一天讲那么多话，还没遇到什么觉得不能说，必须扯谎的。

我跟前男友联络——可以啊！只是讲讲话，又没什么奸情，为什么怕被知道？

老公跟辣妹网友聊天——正常社交啊，有什么关系？老公还会说给我听他们聊了什么。

我跟朋友在电话里吻别——开开玩笑嘛，在老公面前我也敢。

我好想跟金城武搞外遇——想想而已嘛，谁没有幻想，为什么不能说？

老公喜欢某个女演员——在哪里？可以给我看吗？有什么关系！

当你愈坦白，你会发现事情变得愈简单。没有什么好怀疑的，也没有什么需要遮掩的。既然相爱，就要相信，去掉伪装，坦诚以对。

一般人认为恋人就像两个交叠的圆，有中间重叠的部分，但还是要有属于自己的保留地。这样固然很好，但是，拥有属于自己的私领域，就像在心里藏了一个保险箱，许多人为了捍卫它，选择用谎言上锁，坚守最后的自由之地，却也为自己上了手铐。

我倒认为，恋人就该像两个完全重叠的圆，不需要那些不必要的掩饰和谎言，尽情享受可以在他面前完全赤裸的快乐。不管是迷惑、悲伤、嫉妒、讨厌、没有自信，都可以打开给他看。并不会因此而失去自我，反而因为一丝不挂，得到真正的自由。

> **私房秘语**：勇敢地打开自己内心的保险箱，你们之间的距离会更近。

43　过激逼退男人

"你说！你说！你到底爱我还是爱她？你现在就说，要不然，我要跳下去了……"电视里的女主角站在大楼顶楼，风一吹，不顾窄裙已翻到大腿上，作势要跨过护栏。男主角苦着脸，死命拉住她，皱着眉头说："我是爱过你，但是，已经是过去式了……"

"吼！不要再看这种电视剧好不好，剧情太夸张了！"我忍不住夺下遥控器，却引起 Kelly 一阵抗议。

"哪会夸张，很贴近现实耶！"Kelly 红着眼睛，吸着鼻子。

对哦，我差点忘了 Kelly 也是个激动派，每次谈恋爱都很戏剧化。有一次和她男友吵架，不管车子正在行驶中，就要开门下车，男友只好赶紧把车停在路中央，结果后面的车子撞了上来，修车子花了好几万元。还有一次是半夜打电话把我吵醒，要我去把她接回来，因为她和男友吵架，气愤之下跑到夜店想钓男人报复，喝了酒之后却失控，拿起酒瓶到处乱砸，最后被送进警察局。也有过失恋就吞安眠药的记录，总要姊妹轮流陪在旁边守候，不过她想要的才不是姊妹陪伴，而是男友回头，却没有半次见效。最近，她又有了新恋情。

"你觉得他为什么要躲着我？我只不过每天打电话给他，跑去他公司楼下等他下班，又没有强迫他接受我。"Kelly 问我。

"你……"我刚要讲就被她打断。

"我好喜欢好喜欢他哦,不知道为什么,我每天都想看到他,好想跟他在一起。每个小时发一次短信给他,不算打扰他吧?"Kelly 又问。

"我……"我才呼了气,又被打断。

"是不是男生不喜欢太主动的女生,觉得被倒追不好?还是我太热情,他受不了?你觉得我从现在开始,每天送他一个礼物好吗?"Kelly 又问。

"他……"我这回有防备,用一大块松饼塞住了她的嘴。

"你才刚认识他不到一星期,会不会太急了?"我终于能完整说出一个句子。

"虽然才一星期,可是我已经爱上他了!"Kelly 大口吞下松饼,激动地反驳。

我忽然发现 Kelly 的表情跟电视上的女主角一模一样。过度激烈、夸张煽情的演出不但不感动人,反而给人压力,让人有种想转台的冲动。或许 Kelly 就是这样逼退男人的。

许多人梦想着电影剧情般的恋爱,但渴望的是那巧合的偶遇和意外的浪漫,绝不是暴风雨般的激烈剧情,更不是令人心碎、哭干眼泪的结局。

爱情的本质或许有戏剧化的成分,却不是要你在生活里演戏。在真实的恋爱中,过激的手段不会提高成功率,只会让人不舒服,想要远离你。

私房秘语:在爱情里过激的戏剧化女人,毫无魅力,只有杀伤力。

44 不怕三六九

"我不喜欢看这个,换别的台吧!"老公发现我正在看最近超高收视率的爱情戏,竟然毫不留情地转台。

"问你哦,你有没有过找小三的想法啊?"这么红的电视剧,不想看的原因应该只有一个——那就是心虚,我赶紧装没事似的问老公。

"我又没疯,放着好好的家不顾,我顾什么小三?不过这电视怎么没一台好看的啊!"老公才刚说完,我就发现拿遥控器的他比拿枪还帅。

"你真的没有过找小三的念头?"我再次确认。

"光养你和猫,我都快忙死了,哪里有什么时间养小三?"老公白了我一眼。

听到这句话,我总算满意了。

没错,姊妹别担心,这世界还是有男人不出轨的。别被电视剧和媒体报道吓到,以为全天下所有的男人都爱找小三,因而对爱情过敏、不信任男人。

其实,男人找小三的原因通常有两种:一种是享受偷腥的快感,一种是心里空虚。第一种没救了,花心没药医!第二种呢,绝对有救!要预防这些因为感觉空虚,想找另一个人来填补的男人,最有效的方式就是把他的空隙全都填满。

"他喜欢骑脚踏车、慢跑？"别怕晒黑，多擦点防晒油，跟他一起去。学习分享他的嗜好，让彼此有更多话题。

"他喜欢打游戏？喜欢逛计算机商场？"请拨出一些看韩剧的时间，和他一起对打。还要穿得漂漂亮亮，牵着他的手一起去逛计算机卖场。陪他做他喜欢的事，多点忍耐和笑容，与他共度美好时光。

当你们之间的空隙被填得满满的，没有多余的时间和空间再容下第三者，就不必怕第三者有缝可钻。除此之外，还要多跟他的兄弟死党和谐相处，多与他的家人亲近，再多养只猫、狗绑住他。把他的朋友和家人、宠物通通都塞进来，让他不再空虚。这么一来，小三、小六、小九都不必担心了！

哇！时间到了，我不说了，要赶快去跟老公玩赛车游戏了，打完游戏还要一起看 DVD。

> **私房秘语**：心一旦空虚，所有危及感情的事物都会接踵而至，试着用满满的爱抵御外侮吧！

45 爱的度量衡

最近有部电影是讲英国国王乔治六世矫正口吃的故事，我超喜欢的，不过我最喜欢的不是国王，而是那个国王的哥哥，只爱美人不爱江山的温莎公爵，证明爱情真的很伟大。

"你有多爱我？"看完电影之后，我问老公。

"这么爱。"老公随手伸出两只手臂一比，看起来就很应付。

"那是多爱？"对于这种问题，我向来有追根究底的毅力。

"这要怎么算？爱情又没单位可以计量。"老公实事求是地说。

我一时不知道怎么反驳，很多人跟我一样吧，想要知道对方的爱有多少？问题是爱要怎么算？有没有一种度量衡，可以测出爱情有多长？有多重？有多大？

每天打开电视，充斥着某某富商花了多少钱送礼物给性感名模，要不就是什么富二代包下整座岛办婚礼，看了真叫人羡慕，要是我，别说是小岛，把楼下面摊包下来，我都开心死了。

"你看，人家多浪漫，多爱他老婆。"我也未能免俗地指着电视对老公明示。

"浪漫？是浪费！这世界上每天有多少人饿死，那些钱捐出去，肯定可以救活不少人。"痛恨偶像剧浪漫经典桥段的老公立刻严正驳斥。

我愕然，原以为老公学习能力强，没钱包下小岛，至少可以来个烛光晚餐，或是香港三天两夜游之类的，看来我对婚姻的期待过高了，或者是我太不了解枕边人了。

"肚子饿了吧，我去炒面。"老公似乎急于逃离现场，钻进厨房。

也好啦，没有经典桥段，至少有经典炒面，我的婚姻也不算太糟。

二十分钟后，我忍不住赞叹："真好吃，再来一碗。"我那不争气的嘴，狼吞虎咽，早把他爱我有多少这件事情给忘了。

"现在知道我有多爱你了吧！"反倒老公重拾话题，又盛了一碗面给我。吃人嘴软，嘴里塞满炒面的我只好点头。

爱可以计量吗？该用什么单位去计量？该付出多少，才算够爱你？我想这些都没有答案。对方有形的财富付出固然不赖，但如果真要我去定义，我会说，爱是一种念头，于他，愿意给予的心意便已足够；于你，懂得看重他所给予的，就是真正的幸福。

> 私房秘语：亲爱的男人，一盘炒面可以搞定一个女人，但你愿意为她进厨房吗？

46 会哄人的比会爱人的吃香？

"早知道就嫁给写小说的，或是当客服的，干吗嫁一个念机械的呢……"最近好姊妹 Stella 交了个令人羡慕的男友，令我感慨万千，后悔自己挑错老公。

Stella 的男友是个出版社编辑，一通通腻死人不偿命的短信，文情并茂的程度连中文系的教授都自叹弗如。热恋中的 Stella 乐于展示她的幸福，常常把短信转寄给众姊妹闻香。

当我忍不住也转给老公，要他好好观摩，他却说："这种男人情话写得好，应该连分手信也会让女人声泪俱下。"

唉，我不禁仰看天花板长叹，老公什么都好，就是不太会说话，更别说这种令人脸红心跳的肉麻短信，一次也没传给我过。早知道就嫁个写小说的，一定很会编织甜言蜜语，或是嫁个当客服的，讲话好听又有耐心，而且客服电话接久了，再无理取闹的客户都遇过，不怕我缠着他问问题。

"你交往过的女人里，是不是我最可爱？"

"如果没遇到我，你会娶别人吗？"

"如果我疯了，你还会爱我吗？"

"如果有一天，我和你妈同时掉进水里，你会先救哪一个？"

我每次问老公这些问题，他总是假装没听到，或是找借口逃离现场，从来没给过我满意的答案。

殊不知这些无聊的小问题，正是女人脸上的爱情毛孔，用来检测彼此感情的状态。毛孔畅通吗？是不是长了粉刺？粉刺还小的时候你不去清理它，等到长大了就来不及了，它会塞住毛孔，变成红肿的痘痘，用力一挤还会爆出来。

"我就知道你不够爱我！"

"我哪有？"男人这时就觉得莫名其妙。

"你都不听我说话，也不理会我的问题，根本就不重视我！"

"拜托！那是你问的问题都很无聊啊！"男人这时会更加气愤，不明白女人为什么那么闲，总爱在小事上找他麻烦。

那是因为女人体内的爱情时钟和男人不一样。男人只说一遍我爱你，就能够抵上一两年，甚至有人能撑过一辈子；而女人不同，必须三五天就确认一遍爱情的存在。

"你还爱我吗？"

"你会爱我多久呢？"

"你是吃太饱没事干？那过来帮忙，把这些冬天的衣服都打包吧！"没错，这就是我老公的答案，虽然跟预期有落差，但总算还是有回应了。

"奇怪,这些衣服你好像一件也没穿过?"老公边打包边问。

"这些衣服不适合我啦,所以就很少穿……"我有些心虚。

"哇!这几件连标签都没拆!"老公扬起眉。

"那是……店员介绍的时候,我觉得很好看啊,可是买回来之后才发现不合适。"我解释着,突然想起这种事还蛮常发生的。

我们都曾有过因为听了店员舌灿莲花的介绍、动听的称赞,而买了完全不好用的东西吧?回到家才悔恨自己被遮了眼,怎么会那么冲动,应该要再考虑一下再买的。难道感情不也是这样吗?会哄人的固然不错,但是会爱人的才是重点,不是吗?

> 私房秘语:说话不中听的人,或许才是对你诚实的人。

47 没有结局不是好爱情?

前两周几次朋友聚会,大家的共同话题都是:"你觉得那档超火的连续剧,结局会怎样?女主角会跟谁在一起?"

可能我的编剧工作让朋友对我有过多期待,老要我凭空猜剧情,其实我根本没看,自从老公抗议该档戏把男人出轨写成跟感冒一样,随时随地都会发病,还具有传染性之后,我们家就转台了。

· 091

有趣的是，结局却被老公瞎猜命中，果然女主角谁也没选，好一个女性成长的结局，不依靠男人，未来掌握在自己手中。没想到戏才下档，几个姊妹纷纷打电话质问："你们这些坏心眼的编剧为什么干这种事，戏都演那么久了，偏偏不给个结局？害我浪费了那么多时间追看！"

"怪了，关我什么事，我又不是该戏编剧，也没收到这档戏的剧本费啊？"一开始我还跟她们讲道理，后来才发现她们早已失去理智。

"管你的，你们编剧都一样啦，故意耍观众，让我们猜不到！""我看是要筹拍第二部，所以故意没有结局！""什么烂结局，根本就把观众当白痴！"

"好啦好啦，别那么激动，大不了我写个番外篇送给你们，看你们想要女主角爱谁，我就让她跟谁，好不好？"我的安抚没有任何效果，姊妹在微博上开版狂飙，超多人附和点赞，要求给个结果。

我完全理解群情激愤的原因，大家都想要有个结局，尤其是爱情。虽然现实的生活中，很多爱没结果，半途而废，虎头蛇尾，爱着爱着感情就淡了，恋着恋着感觉竟变了。

"我知道他爱上别人了，但我希望他能出面讲清楚，不要像现在这样不明不白。""我希望他能给我一个答案，告诉我为什么要分手？到底是我哪里不好？我哪里做错了？""到底我还有没有机会？能不能挽回她？我好想知道她心里怎么想。"

在大家的心中，仍然期待爱来爱去会有一个清楚的结局，希望每一分付出都能得到响应，希望每一段感情都能走到终点，即使那终站不叫幸福总站，依旧期待有个答案。

对于这种现象，我莫名感到心安。管它媒体鼓吹真爱已过时，网络上流传时代已变，性爱不分；在大多数人的认知里，追求爱情的目的，仍然是找到一个相爱的人，长久在一起，牵着手，度过漫漫一生。这种老套无聊的结局，仍然是我们心中的向往，对于幸福的向往。

> 私房秘语：爱情有千百种结局，每一种都是你自己写下的。幸福的结局虽是老梗，却是众望所归。

48　爱不是国王的新衣

好姊妹菲菲最近转性情了，收起平日常穿的辣妹服，扣子扣到下巴，裙子穿到脚踝，朴素得像个师太，手上提的不再是名牌包，而是变成环保购物袋了。姊妹私下讨论，以为她最近经济状况不佳，有聚会也不敢约在太贵的餐厅，大家还凑了一下，偷偷塞给她一个红包，希望帮她渡过难关。

"有困难尽管开口，大家一定会尽力帮你的。"没想到菲菲一打开红包，当场笑得体力不支。

"你们反应过度了吧，我又不缺钱。"菲菲边说边打开钱包让我们检查。

"我们以为你的一身名牌都变卖了，才穿成这样。"我赶紧把我的私房钱给抽回来。

"我只不过是听男朋友的话。"菲菲新交的男友要求她要收敛，凡事低调。"穿着朴素才能彰显内涵，节约用钱才能爱护地球，他说这都是为我好，要我出门能搭公交车就别坐出租车，能走路就别搭车，不要总是要他接送，要学会打理自己。不要事事麻烦他，就是爱他。"

菲菲说了一大串，我听得有点糊涂，怎么前言不对后语？哪个女人不喜欢把自己打扮得美美的？不喜欢出门有人接送？为什么不麻烦他就是爱他？怎么听起来怪怪的。

"哎呀你不懂啦！以前我也不懂，还抱怨他不关心我。后来我才知道，原来他才是真的爱我。他说啊，爱情是重心灵层面，不是重物质的。那些别的女人喜欢的浪漫、温柔、体贴和无微不至的照顾，只是物欲横流，肤浅的爱。"

"哇，你男友是学哲学的吗？怎么讲话这么高深。"我傻眼。

"你不懂没关系啦，他爱的是我，我懂就好。不过他说过，即使我不懂也没关系，他懂就好。因为爱我的人是他啊！"菲菲一脸甜蜜。

天啊！我确定她男友不是学哲学的，是学玄学的。我一脸晕，菲菲还继续讲："他的爱不是普通人可以懂的，必须要聪明的人才能懂。"

听到这，我已经完全放弃搞懂菲菲的话。在爱情里，我可能是笨的那一类人，必须要真真切切地看到、听到、感受到对方的爱；至于那种聪明人才能懂的爱情，就像国王的新衣，对我来说是不存在的。

还好我老公也不聪明，肤浅得不得了，出门接送，体贴关心，用我可以理解的方式对待我，至少是用我能够接受的方式表达，并且让我清楚地感知到。

我相信每个人对爱的表达方式不同，但是光用自己所认知的方式去爱，不考虑对方的感受，还要强迫对方接受他爱人的方式，真的太过自我。我想，不管他有多么出类拔萃，还是选个平凡人比较快乐。

> 私房秘语：爱不是国王的新衣，可以意会，也可以言传。

49　纹丝不动的爱

"你说，她为什么要离开我？我又没有做错事！"Bruce和女朋友分手了，可怜的他至今仍找不出哪里出了错，为什么会分手？

"我不烟不酒也不赌，苦守贞操，谢绝一夜情，可以说是地球上最后一个痴心汉，这样也会被甩，真是老天没眼啊！"Bruce哀叹。

"看开点，谈恋爱就跟打麻将一样，有些人就是不讲义气，赢了就要下牌桌，说不打就不打，喊卡就卡。"看着萎靡不振的Bruce，我老公好心安慰他。

"该不会是你变了，却不自知？"看不下去老公的蹩脚安慰法，我忍不住插嘴。

"才没有！我发誓我一点都没变！为了维持她以前喜欢的样子，我不但是交往方式没变，连说话的态度都原封不动，连发型都不敢乱变。"Bruce 边说边把当兵前的照片从手机里找出来，果然丝毫未变。

"还是她变了？有了新欢？"我又问。

"不可能！她跟以前一样，说好见面就见面，从没有推掉过约会，和我在一起的时候很大方接听电话，从不关机，应该不是第三者的问题。"Bruce 分析。

"你哪知道啊，女人也会偷吃，花起来绝不输男人！"老公脱口而出。我狠狠地瞪他一眼。

"不过我觉得她最近有些怪怪的，开口闭口就是生活啦、将来啦，这些话题，都是以前不会从她嘴里说出来的话，难道是被同事影响了？"Bruce 气愤地怀疑。

"有可能哦！公司是是非之地。"老公附和。

"前几天我有到庙里求过签，签上说她很难掌握……唉，难道这一切都是命……"Bruce 颤抖地拿出签文。

我失去耐性，一把抽起 Bruce 手上的签。他需要的不是求神问卜，而是一张毕业证书，可怜的他因为不知道爱情也需要学习和成长，所以留级了。

有些人，尤其是男人，总是天真地以为，要维持一段不变的关系，就要努力让彼此都不改变。每天都做一样的事，说一样的话，连相处的模式也一样，这样就能平平安安相爱到永久。

问题是不变未必是好事，去年没送的情人节礼物，今年依然没送。

"反正我一向都没送，她也习惯了。"

从来都是在路边摊约会，始终如一。

"有什么关系，交往那么久了，也没听她抗议过！"

常被女友抱怨说比较爱打游戏，胜过跟她在一起。

"又不是第一次了，我就是这个死样子，她早麻木了。"

那些你以为不变的事，其实一次又一次地改变了她对你的爱。当她不断地往前进，你却纹丝不动，原地踏步，两人的距离便愈拉愈大。你依然维持自己的步调，殊不知她已打包好行李，准备离开了。这种纹丝不动的爱，不是坚固的关系，而是懒得成长，不愿进步，不想改进的恋爱模式。女朋友会离开你，实在怪不得她。

> 私房秘语：以不变应万变，才会让爱生变。

50　强酸情人

看完电影《燃烧的平原》，女主角金·贝辛格因为有了婚外情不断说谎找借口，偷溜出去会情人，却被女儿跟踪。觉得被背叛的女儿，生气又难过，最后把她老妈给杀了。我十分感慨，忍不住跟老公说："如果你爱上了别人，不用像金·贝辛格那样悲情，为了偷情而送命。你直接跟我说清楚，我会成全你。"

"哇，你这么大方？"老公讶异。

"一定要的啊，那样对我也是一种解脱，我可以去交别的男朋友，或是嫁给别人啊！"我顺口说。

"什么？原来是你想交别的男朋友，所以放我自由？说清楚，到底是怎样？"老公开玩笑地装出吃醋的样子。

唉，真是为难他了，婚姻生活还得演戏，偶尔扮一下吃醋的丈夫。我和老公都是弱酸性的，不喜欢也不太会吃醋。刚开始交往时，我很不习惯，因为我过去常爱上"强酸情人"，很会吃醋。只要我和其他男生电话讲久一点，就会吵架。我和别的男生单独出去看电影，也会被质询。

我觉得委屈，克制不住反驳的冲动——"朋友讲电话，聊得开心为什么不能讲久一点？我们很久没见面了耶，半个小时、一个小时算久吗？""那部电影是文艺片，你又不喜欢，就算去了你也是睡全场。我难道不能跟爱看的人一起去？""我又不是去抢银行，半夜喝咖啡犯法吗？你不信任我，可以一起来啊，是你自己不要的！"

朋友是我生命中很重要的一部分，包括女性与男性朋友，都是我的好朋友。为什么谈了恋爱，就要跟异性断了联络？想维持跟异性交朋友的权利，就是对爱情不忠诚，就是想偷吃？什么鬼道理！

除了专心爱他，我就不能做别的事，连跟朋友自在地聊几句都不行，只要对方是男的。他就会像刺猬一样，竖起全身的刺，准备攻击，接着就是无尽的争吵，以及毫无结论的结果。强酸男人让我觉得恋爱好痛苦，充满束缚，一点也不自由。到最后我宁愿跟朋友出去，也不想和男朋友约会。

我想，爱情跟皮肤一样，都是弱酸性，无法承受太强的醋意。

一个成熟的人应该要懂得适当控制自己,不随便吃醋,更不应该把吃醋当作爱,认为爱一个人才会吃醋,不吃醋的就是不够爱。

> **私房秘语:**真正在乎你的人,会学习包容你、信任你,不会乱吃醋。

51　已婚女的约会

结婚之后,手机响起的次数明显减少,倒是问我要不要借钱、办卡的推销来电变多了。我正好奇朋友都跑哪里去了,突然接到一通鬼鬼祟祟的电话。

"你好!你可以说话吗?"对方的声音刻意压得低低的。

"可以啊!不过,请问你哪位啊?"我皱眉。

"我是Danny啦!"

"原来是你啊,鬼月还没到,装什么鬼声音?"

"我是怕打电话给你……不方便。"

"少来!"Danny唯一的专长就是嘴贱,从来没听过他使用这种客气的措辞。

"唉哟,你什么时候离婚啊?"Danny终于恢复正常。

"在我老公的保险金还没到手之前,暂时没这个打算。"我开玩笑地说。

"惨了！那我们在你老公死掉之前，都不能见面了。"Danny叹了一口气。

我终于了解朋友一个个消失的原因——因为我结婚了，不能随便约，我是已婚女，没有约会的自由。

真是见鬼了！

"怕被你老公误会啊！"不只是Danny，好几个男性朋友都这么说。

"是怎样？我老公会打人吗？你们这么怕他？"我没好气地回嘴，心里盘算着错过了多少美食聚会，少唱了几次KTV，结婚真是不划算。

后来我才知道，不只是男人这么想，姊妹也这么以为。

"我们想让你跟老公多些时间相处嘛，不好意思打扰。"

对，最好是，我跟老公都交往几年了，又不是刚认识，还相处不够啊？

"不一样嘛，从女朋友变老婆了，总要尽一下老婆的义务。"

什么义务？扫地煮饭洗衣服？我是结婚，不是换工作去当用人好吗！

唉，我真是心灰意冷，没想到婚姻不是爱情的坟墓，是友情的。身边朋友因为我不再单身，纷纷改变对我的看法，断了联系。倒是老公常问我："最近你的狐群狗党怎么没打电话来？"

人妻也有交朋友的自由，不管是同性或异性，友情的滋润和爱情截然不同，朋友的神圣地位绝非老公一职可取代。不管友情、爱情还是亲情，每个人的生活都需要平衡，才能有完整协调的人生。我虽然是人妻，还是可以约。

"你不怕你老公生气?"朋友们都很惊讶。

"拜托,那种阻拦女人正常交友的伴侣,不是什么成熟的好东西。我有那么笨嫁给那种男人吗?"

> 私房秘语:一有伴就抛弃朋友,就像一入水就丢掉救生圈,这种人绝对会后悔。

52 明日的爱情

"曾经爱过的永志难忘。"分手两年,Dannis 还留着前女友的分手短信,留恋着她曾带给他的快乐与悲伤。从朋友口中得知前女友将要结婚的消息,我们都以为 Dannis 终于要死心了,总算能挣脱过去,迎接新恋情。没想到他却宣布再也不谈恋爱了,"因为我不想再受伤。"Dannis 惆怅地说。

曾被男友劈腿多次的 Queenie 超级没安全感,虽然刚交往的现任男友对她百般呵护,让姊妹都羡慕,她却常常愁眉苦脸,担心现在的幸福终究会有结束的一天。"不是我悲观,而是我无法再相信天底下会有男人永不变心。"她说要预先做好心理准备,万一男友离开她才不会太难过。

我呢,跟 Dannis 和 Queenie 恰恰相反,只活在今天的爱情里。

我不像Dannis那样念旧，所以常被旧情人说无情。我很善忘，对于过去曾爱过的人、曾被爱过的我，偶尔回想起，还是会有淡淡的遗憾，却不会花太多时间温习与眷恋。因为我以为，你无法磨灭过去已经爱过的事实，无法挽回已经分手的情人，那些无法重来的过往，回味只是对自己的惩罚。人是活的，不需要把自己埋葬在昨日的失恋坟墓里。

我也不像Queenie，想要一辈子质量保证的爱情。当然，有时候我也会对未来不安，不确定这一段感情能走到何时？我无法掌握十年后，他是否依旧爱我，也无法保证自己能爱他一生？然而，与其担心未来不确定会不会发生的事，不如好好地把握这一刻的爱情。

爱情跟人一样，不是活在昨日，也不是活在明日，而是现在，是正在发生的今日。那已无能为力的昨日之爱、难以预料的明日的爱情，都离我们遥远，难以靠近。关于爱情，你唯一能做的只有一件事，好好地掌握今天的爱情，尽情地沉浸在此刻的幸福中，品味现在发生的每一个感动。

私房秘语：恋爱跟呼出的气体很像，昨天的和未来的都不可及，闻得到的只有现在。

53　购物沟通法

女人常以购物来调适心情和爱情。好姊妹 Mandy 就是活生生的例子，只见她在百货公司专柜拿起一件件衣服左右比划，店员忙着打包战利品，Mandy 面无表情地买单，不用说，像这种情形一定又是和老公吵架了。

"应该有比购物更好的沟通方式吧？难道你不想好好解决问题吗？"我活像是个在菩萨庙里说信耶稣有多好的神父，店员恨不得立刻把我踢出去。

"谈什么？账单是我们最好的沟通方式，月清月结，简单又直接。"Mandy 拿出了另一张信用卡，二话不说交给店员结账。

Mandy 的老公应该是不少女人心目中的梦幻逸品，懂得女人心，会适时供应源源不绝的银弹，面对刷爆的信用卡没有任何生理反应，接到月底的账单依然甘之如饴。唉，多希望他每天都得罪我，惹我生气！

"不过我看你的账单沟通法似乎不是很有效，这个月已经是第三次接到你的购物邀约了，这方法真的对你老公有用吗？"我可以确定的是，这方法对百货公司店员们铁定是最好的，因为我又感受到好几道强大的怨念投射在我身上。

"你说得对，看来我以后要把层级升高，光买这些还不够沟通，应该多买些珠宝、名表，甚至买部车，我就不相信他不心疼！"Mandy 的话当场引起一阵欢呼。

偏偏我家老公并不像 Mandy 的，惹我生气的时候，并不会拿出信用卡任我刷，当我想要去香港或澳门旅游个几天泄愤兼散心，他会自动打折，和我商量是不是到郊区走走，既省钱又有效果。

或许是男人和女人大脑构造不同吧，男人老会把感情当工作处理，认为所有的问题都应该速战速决，要重视效率，所以花钱成为最快的解决方式。让女人痛痛快快地花钱，既可以消耗她的体力，又能让自己耳根子清静。等她买够了，架也不用吵了，一举两得真轻松。但是，最快的方法就是最好的方法吗？问题并没有解决，只是暂时被掩盖了，该吵的架终有一天还是得吵，该沟通的逃不掉，仍旧必须沟通。

想到这我不禁庆幸，还好老公赚得不多，所以他不敢随便惹我生气。就算万一不小心误触地雷得罪我，为了避免荷包失血，他至少会先低头。要是真的吵起架来，为了不让我情绪失控乱花钱，他一定会耐下性子让我骂个够，等我骂完了，气也消了。看来遇到钱赚少一点的男人，也是一种幸福。

> **私房秘语**：女人缺少的不是一件衣服，而是男人的一份心。

54　爱情精算师

"上次你说的那个,可千万不要碰,是大地雷!"听见 Catrina 这样说,我以为有什么投资明牌,赶紧凑了过去。

"那个男的品行不良,前科累累,前几段恋情都是他先提出分手,跟他交往一定不会有好下场,劝你还是别把他介绍给姊妹,免得到时害别人重伤。"奇怪,Catrina 什么时候放着投资不做,改行当起爱情专家来抢我饭碗了?

Catrina 是个精算师,年收入超过七位数,不止面貌姣好,再加34、24、34的好身材,条件位居金字塔的上半截,却到了拉警报的年纪,身边还是没半个固定男人。想那些收入不到她三分之一,相貌一般般,身材几乎都已经是24、34、34的同学,小孩都已经快上小学了,难道这年头条件太好也是困扰吗?

"我终于发现我的第二专长了,原来男人也可以用数据分析,你要不要也来试试,准确度可到小数点后第二位哦!虽然你已经结婚了,如果可以提早分析,也可以先想清楚万一将来离婚该提什么条件。"Catrina 得意地展示自己的男人数据分析能力。

原来感情也可以完全数据化,依据过去的记录分析,避免成为感情中的牺牲者,听起来颇为科学。

"既然你这套分析这么厉害,你怎么到现在还没找到另一半?"我忍不住想要挑战她一下。

"花心、劈腿、谈感情随便，凡是有相关不良前科的男人，一律是我拒绝的。找遍数据库，还真没几个男人符合我的标准。"Catrina忍不住感叹了起来。

原来她要的不是一个情人，而是一个完人，以往的情史必须要完美无瑕，只要稍有瑕疵，就会被列入不良品。还好她没拿这招来分析我，要不然被我老公看见，他可能会想离婚。我过去的记录可不怎么光鲜亮丽。

"要是有个人过去记录不良，但现在洗心革面，想要好好经营感情，也不行吗？"我问。

"根据数据分析，百分之九十九会失败，我劝你还是理性一点，数据库分析绝对可以预测未来的。"Catrina笃定地说。

唉，我摇摇头。在爱情里，人总是被自己的优点蒙蔽。理性的人自以为理性，打死也不相信感觉。感性的人则是信奉自己的感觉，看轻理性的重要。事实上，未来的事情谁知道呢？如果真能发明一套软件，能准确预测男人会不会变心，将来是不是个好老公，你和他谈恋爱的成功指数有多高，那我不早就搬进豪宅了！

> 私房秘语：你是要恐惧他的过去，还是准备欣赏他的现在？

55　网搜一下你的男人

不知从什么时候开始，对一个男人有好感，我们会做的不再是找借口打电话给他，而是先上网搜索一下他。

好姊妹 Tracy 前两天吃饭时认识了一个酒窝男，陌生的两人因为同桌，分享一份双人套餐，省下不少钱。

"如果你不介意，我知道另一家西班牙餐厅也有双人套餐优惠。"酒窝男落落大方，开口约 Tracy。但是他不了解 Tracy，在尚未搜索他之前，Tracy 不会轻易答应约会。

当晚，我们几个姊妹挤在 Tracy 的小平板计算机前观看搜寻结果。

"社交软件有3012个好友。"是人脉广还是个性随便？

"朋友名单里以正妹居多。"看来是随便没错！

"音乐类型喜欢蔡依林！"都几岁了还喜欢这种类型？

"哇，亲密照！这一定是他前女友吧！"原来他偏好萌系女孩！

"最新的动态是帮某正妹自拍的假睫毛示范影片点赞。"够了！

到这里，酒窝男已经被刷下来，恐怕他一辈子都不会知道 Tracy 为什么失联。

就是这样，我们宁可相信网络上查到的数据，以及自己闷着头分析的结果，而不愿给当事人机会，更不愿亲自去了解他是个什么样的人。有人说这是网络科技对爱情的不良影响，也有人赞同这种方式能快速淘汰不适合的对象。而我以为科技始终来自人性，过去，人本来就比较相信别人说的话甚于自己的判断；现在，我们相信搜索的结果甚于当事人的说法也不令人意外。

不只恋爱前的男人需要搜索，恋爱中的男人更需要。Karen 因为上班太无聊，心血来潮，搜索了一下男友的名字，发现自己原来不是他的女朋友，而是女朋友之一。男友辩称是网友开他玩笑，故意将他的头贴在别人身上。

没有人想探究 Karen 的男友到底是不是无辜的？姊妹都忙着赶回家搜索自己的男人。

在这个时代，你做过的事、说过的话、吃过的饭全在网络上公开，凡走过必留下痕迹，但留下的未必是真迹。搜寻不难，只要键入几个字便可以搞定，难的是如何阻止自己，不要尽信搜寻的结果。

> 私房秘语：在搜索他之前，最好先 搜索一下你自己。

56　你的爱情，姊妹做主？

"你说我冤不冤，Andy 明明是我喜欢的，为什么跟别人结婚？最惨的是我还得花钱包红包！"Joyce 愤恨地挥舞着手上的喜帖，红通通的喜帖乍看简直像染血的凶器。

"反正他也算不上什么好男人,被别人嫁走是你的福气。"好姊妹 KiKi 安慰她说。

"你们当初预言 Andy 只是玩玩而已,把女人当玩具,那这张喜帖是什么?恶作剧吗?"Joyce 用喜帖指着 KiKi 的鼻子。

"哎哟,算命也有不准的,谁知道他会这么快收心。"KiKi 尴尬地说。

"还有那个你们劝我早分手早快乐,说他迟早会劈腿的 Lawrence,下个月也要结婚了……"Joyce 语带不满。

"可能是大家抢搭百年结婚潮,为了结婚而结婚啦,Joyce,你别想太多。"KiKi 的脸色更加难看了。

"奇怪,为什么你们这些姊妹劝我要远离的男人,一个个都感情幸福,纷纷步入礼堂?到底是我的耳根子太软,还是你们的眼睛有问题?他们难道都不适合我吗?"Joyce 质问道。

其实两个都有问题。在恋爱的过程中,好姊妹的意见往往比爸妈的意见还重要。基于关心的立场,姊妹会以严格的标准为你把关,甚至还有人会自认为比你还了解你自己,帮你过滤所有的交往对象——条件好不好?适不适合你?是不是值得投资的好男人?

"但是,不管姊妹怎么说,她们都是旁观者,不是当事人,只是提供自己的意见,没有资格左右你的爱情。真正谈恋爱的是你,只有你才能真实地感受到对方的态度,只有你才能判定这个男人适不适合你。"我暗自替那些被 Joyce 的好姊妹判出局的男人们默哀。

"可是,我就是不会看男人,才会请姊妹帮忙看啊!"Joyce 振振有词地说,"而且不是有人说,旁观者清吗?姊妹的意见应该比我的判断准吧!"

"如果你对爱情没有一点自己的意见，连自己的判断力都无法信任，那我劝你别谈恋爱了！"我再次低头默哀，这次是为 Joyce。

我认为"旁观者清"这句话在爱情里并不适用。老公是要跟你过一辈子的，不是要跟你的姊妹过一辈子的。你喜不喜欢？你们观念合不合？能不能沟通？相处有没有问题？如果这些你都没有答案，更不该急着听信姊妹或旁人的意见，而是要好好地和对方相处，一一找出答案。

我身边也有不少热心的好姊妹，喜欢给我的感情生活出主意，我和老公刚开始交往时，也有不少批评的声音。幸好我没有像 Joyce 一样，以姊妹的意见为意见，立刻就把老公 Fire 掉，而是给了自己更多的时间考虑彼此的契合程度。后来，姊妹看到我脸上幸福的光彩，对老公的评价也变了。

其实，当你的朋友在评价对方的时候，对方的朋友也在评价你，但这些评价你们感情的人，都不是要跟你过一辈子的人。你的爱情，还是由你自己做主吧！

> **私房秘语**：爱情跟内衣裤一样，自己的要自己洗。别人可不会为你的人生负责！

57　美丽不是幸福的门票

Cindy 肿胀的脸像极了面包超人,因为她刚做完削骨手术。唉,不用说,这一切都是为了爱!Cindy 认为她的男人运不佳,主因就是那张大饼脸,不断研究各种小脸秘方,当然也尝试过肉毒杆菌注射,可惜效果不佳。

虽然姊妹都觉得她稍高的颧骨和方下巴很有个性,让她有种与众不同的美,她却不同意,坚信瓜子脸才是通往幸福的直达车。

"你看那些嫁得好的女明星,哪个不是瓜子脸?而且在命相学里,女人要有瓜子脸才会幸福,颧骨太高看起来精明能干,会吓到男人,方下巴看起来像男生,没有女人味。"Cindy 不止一次这样说过。

在历经第九次被甩之后,她下定决心忍痛做颜面削骨手术来抢救她的爱情。

不过在我看来,Cindy 就算做了全身整形手术,把自己整成明星,也不会改变她的爱情运。她的问题不是出在高颧骨和方下巴,而在于她对男人的品位有待加强。不过,姊妹完全忽略这点,围着她打听整形的细节,每个人都有想改造之处。

"全身麻醉啊?那我做开眼头手术也要全身麻醉吗?"

"如果我想做鼻子,报你的名字有打折吗?"

"你这个医生有隆乳吗?我想大两个罩杯,三个好了,既然要做，干脆做大一点比较划算。"

"我是想抽脂，腿太粗了……"

"咦，不如我们一起去，好跟医生杀价！"

"你要不要一起去？"Cindy拉着我上下打量，"我看你全身上下能改进的空间不少。"

"不用了！你们去就好，我怕我变太美，老公反而会担心。"我赶紧挣脱她的手。

虽然我颇赞成女人借由各种方式让自己变得更美、更有自信，可是，变美绝不是像Cindy想的那样是幸福的门票。

当一个男人爱的是你完美的脸庞，你可要担心了，如果有更美的女人出现，他是否就会转移视线？当他最欣赏的是你一双长腿，你不用高兴得太早，如果你变胖、腿变粗，他还能用爱慕的眼神看着你吗？如果让他动心的是你波涛汹涌的曲线，当你青春渐逝，他还能紧紧地拉着你的手，把你当成他的宝贝吗？

如果一个男人爱的只是你的美丽，我不认为这份感情会走很远。如果你需要不断保持美丽才能系住他的心，你拥有的绝非爱情。在他心中，你不过是只美丽的宠物，偶尔牵出去炫耀一下。

> 私房秘语：美丽只是吸引男人回头看你的理由，但绝非幸福的门票。

58　女人的男人品位

"那个女人是把最近一期流行杂志介绍的行头全套在身上了吗？看起来像个活动展示人，惨不忍睹！天啊，她旁边那位小姐更恐怖，她穿的是她伯母的睡衣吗？她是不是看错 Party 的邀请卡，误以为是复古睡衣派对？"Serena 猛摇头，哀叹这个城市的女人穿衣打扮没品位。

Serena 是今晚 Party 认识的新朋友，她在时尚杂志当服装编辑，独特的穿衣打扮让她鹤立鸡群，很难被忽略。我主动和她打招呼，就这样无知地一脚踩进地雷区，开始听她批评起全场女人的穿着。

"没那么严重吧，你看那边那位明星……我忘了她叫什么名字，她就穿得不错，看起来很美。"我边说边试图用手拿包遮掩身上刚买的小洋装，担心自己也逃不过她的毒舌。

Serena 冷哼一声，面露不屑地说："看起来是还可以，但显然毫无自己的想法。她身上那套是还没上市的秋冬款，想必是造型师帮她借的。我猜只借了衣服，没借鞋子，那双鞋一点都不搭！乱配一通！"

这位新朋友还真不好侍候，我正想着要怎样找借口离开，Serena 却开口问我："你是爱情作家，那你觉得这城市的女人，对男人的品位如何？"

"什么？"我一时听不懂她的问题。

"女人的男人品位，和时尚品位一样糟吗？"Serena 嘲讽地问。

仿佛着魔一样,我忍不住点头,一次又一次,然后大笑。

"你看那边那个男人,现在手插口袋那个人,还有旁边穿灰色西装那个高个子,前者是出版界知名的才子,后者是某企业小开,他们是全场人气最旺的两大单身汉,身边围绕着最多的美女。你再注意一下那些有意无意经过他们身边的女人,是不是都会回头打量?"换我指东指西地对 Serena 发表意见。

"你刚说女人对流行没有想法,跟着流行杂志介绍的清单购物,把名人的穿着当成正解,只会模仿和跟随。我不懂时尚,不敢百分之百同意。"我其实是不好意思说自己也买流行杂志,"但是在爱情里,女人对男人的品位也不脱模仿和跟随。"

大家都认为好的好男人,就是每个女人追随的目标。她们看男人的眼光都一样,标准也相同——希望真命天子要帅、有钱、温柔体贴、孝顺父母、有生活品位、工作上进有前途、学历和家庭背景最好都不错……很少女人会去思考自己真正欣赏的男性特质是什么?真正适合的男人又是哪一个类型?大家都拼了命地往世间认定的好男人标准搜寻,一边寻找一边感叹好男人都被抢光了。就像被流行杂志冷落的衣服没几个人会买,没贴上好男人标签的男人也乏人问津。

"听起来爱情也跟时尚很像嘛!"Serena 露出今晚的第一个笑容。

我举杯和她对饮,敬全城的女人,祝福大家早日拥有自己独特的男人品位。

> **私房秘语**:男人跟衣服很像,别人说好看的穿在你身上未必合适。

59　为什么他总是说得到，做不到？

"如果做不到，就不要说！"Amber 期待已久的情人节旅行又落空了。我们假装吃惊，其实都不意外，姊妹早就听过 Amber 抱怨无数次。

说好生日要去吃大餐，Amber 提早起床，精心打扮，等着男友来接。眼看时间快到了，才接到男友的电话说临时有事不能来了！明明是他先开口，兴奋地提议要带她去爬玉山，Amber 全套登山用品都买了，他才搂着她说："宝贝，很抱歉，因为请不到假，没办法去了。"他自己主动承诺（并非 Amber 要求）说要买条 Tiffany 项链给 Amber 当生日礼物，吹完生日蜡烛，他却拿出地摊货，一脸真诚地道歉："这个月的奖金还没下来，委屈你一下，Tiffany 下个月买给你。"但下个月及下下个月，Tiffany 都没下落，后来，再也没提起这件事。

这次情人节，旧戏码又重演，讲好要去首尔玩，Amber 连机票都订好了，他突然说抽不出时间。

姊妹很同情 Amber，爱上说话不可靠的男人。但她每次抱怨完男友，又会反过来为男友说话——"上班就像戴手铐，一点都不自由，老板不给假他也没办法。""男人还是要以工作为重啦，我这女朋友也得体谅他一下。""计划赶不上变化，偶尔临时发生状况，时间调配不过来也是常有的事，是我太大惊小怪。"

· 115

很多女人都跟 Amber 一样，抱怨归抱怨，在男人面前，还是想当个成熟懂事的女人，对于男人说得到却做不到的承诺，表示理解、体谅。但是，就是这些女人的姑息，让男人觉得违背承诺也无所谓，反正只要有借口，女人就不会生气。就算生气，只要安抚你一下，用另一个新的承诺来挡，就没事了。

但是这一回，Amber 再也受不了了！因为她做了一个梦，梦到两人婚后的生活，感情甜蜜，过得很幸福。但是，讲好要载她去产检，临出门他才叫她自己坐出租车去。约好今天要早点下班，回家吃饭，菜做好了，他却说临时有事要加班。说好要去儿子的毕业典礼，前一天晚上他才说去不了！Amber 尖叫醒来，吓得浑身冷汗，她可不想过一辈子这种生活。

我安慰她，噩梦应该不会成真。"因为以你男友的个性，应该是先来个浪漫求婚，等到喜饼和喜宴会场都订了，才说临时有事不结了！"

私房秘语：说得到做不到的男人，会承诺却不懂得承诺的定义，会爱却不懂得爱的定义。

60　爱情要互"晾"

"你是两性作家,你的朋友一定很爱跟你诉苦吧?"刚认识我的朋友多半会这么问,认为姊妹跟男友、老公吵架,一定会来我这儿报到,我绝对是恋爱疑难杂症的调解高手。很抱歉让大家失望了。我的姊妹不太喜欢向我抱怨她们的男人,因为会被我骂,她们觉得我是叛徒,不挺女人,总是站在男人那边,说她们错!

说真的我很冤,我可不是叛徒,身为女人,当然希望身边的女性朋友都能幸福快乐,但是,不是我爱讲,很多女人真的不讲理。像昨天晚上一堆姊妹挤在 KTV,Cathy 不断用哭腔唱情歌,听得我都快掉眼泪了。

"干吗这么辛酸?跟男朋友吵架?"我问 Cathy。

"比那更惨,我男友不理我,老是把我晾在一边。"Cathy 已经唱到沙哑。

没想到 Cathy 的话引起一阵旋风,瞬间麦克风已经没人抢,大家都在讨论自己的男友晾女友的本事。

"一起去唱 KTV,他和朋友玩疯了,根本就忘记我还坐在旁边,一首歌都没唱。"

"好不容易放假,朋友一通电话,他就丢下我走了,都不晓得男朋友的义务就是要陪女朋友,以女朋友为优先。"

"我家的更惨,一连上游戏,就忘了我是谁,连我走了,都没发现。"

"我也好不到哪里去,男朋友名存实亡,工作第一,爱情最后。一开始说刚去上班,要投入工作,所以别太常见面;后来说有晋升机会,更要全力投入,他会很忙,要我别太常打电话;最近又说想自己创业……我想我们快分手了!"

我忍不住打了个哈欠。

"拜托,你又来了!你别开口!我们都不想听!"众姊妹纷纷拔刀指向我。

"我才懒得讲呢,我讲什么你们都觉得是歪理,说我被男人收买了。我看只好承认我其实是个男人,可以了吧?"我用力吸气、挺胸,后悔今天没穿爆乳款内衣。

老是黏着你,随叫随到,不爱工作,没自己的嗜好,也没朋友约,对什么都不感兴趣的男人——你会喜欢吗?既要马儿跑,又要马儿不吃草,这些女人真的很不讲道理。

如果讨厌被男友晾在一边,为什么你不晾晾他?爱情要互"晾"的嘛。除了谈情说爱,互相陪伴,总是要学会放下对方,把他晾在一旁,去做自己的事啊!一天到晚黏在一起,黏久了也会腻,偶尔拿出来晾一晾,晒晒太阳,通通风,感情才会清清爽爽,长长久久啊!

"你当晾棉被啊?"姊妹白了我一眼。

> 私房秘语:过于黏腻的爱,容易滋生细菌。偶尔保持空间,给彼此自由,才能延长爱情保鲜期。

61 找出他的爱情死穴

"温柔、诚实、有性感气质、小鸟依人的异性,最能点中他的爱情死穴,擒获天蝎座的心……"我正在看网友寄来的十二星座男人的爱情死穴,老公凑过来,爆出一串大笑。

"温柔?诚实?性感?小鸟依人?哇,你一样都没有耶,难怪我现在还活蹦乱跳,还没死。"老公笑着说。

"哪有?我明明每一样都有……"我不服气,但也只能来个嘴硬不承认,无法还击,因为我的确不是什么温柔可人之辈。但我相信每个人都有他的爱情死穴,表面看起来坚不可摧的防护罩,一定有个一碰就碎的罩门。

身材魁梧精壮,浑身男人得不得了的 Andrew,身边常围绕着一堆垂涎他的辣妹,但他每次交的女朋友看起来都不怎么样,让那些辣美眉怎么也想不通自己输在哪里?原来 Andrew 的死穴是声音,只要遇到说话温柔,声音迷人的女孩,他就不行了!

Janice 是公认难追排行榜的常胜冠军,别说追,连约都很难约到,对她有兴趣的男生多到需要姊妹帮她编号,免得她搞不清楚谁是谁。每个男人都以为她难度极高,其实姊妹私下都知道,她没那么难追,非常容易搞定,只是那些男人不得其门而已。女王般耀眼的 Janice 尝惯众星拱月的滋味,她不缺人崇拜,也不稀罕男人哄,反而是那种对爱情有些呆愣,对她的美貌无感的学者型男人,最能

· 119

吸引她的注意。

既然每个人都有爱情死穴，只要瞄准死穴出击就能成功赢得对方的心，为什么还有那么多人追不到爱？我认为问题在于大多数的人都不愿意花时间、心力去寻找对方的死穴。这是个有趣的矛盾，当你喜欢上一个人，总以为她／他是全世界最特别的人，然而，当你在追求她／他的时候，却不把对方当作独一无二的人。你会问朋友——"女生都喜欢收什么礼物？""一般男生会讨厌这样吗？"你会看星座书，查阅属于她／他的星座有什么特性？但你常常忘了——她不是一般女生，他也不是属于某某星座的某个人而已！

你是否有下功夫、花时间去观察他的喜好？收集关于他的一点一滴？在相处的过程中去理解他的想法、感受他的心情？去试图了解他的全部？如果没有，那怎能找出他的爱情死穴呢？如果没有，又怎能说你喜欢他呢？

> **私房秘语**：寻找爱情死穴不是为了收服他，而是探索你自己和对方是否合适的过程。

62　前男友的老婆

"哎，有人说你很瘦耶！"

"谁呀？老公的语气太暧昧了，什么叫作'有人'？听起来就欲盖弥彰。"

"就那个……我交过的第一个女朋友啊！"老公故意轻描淡写，像在讲隔壁的太太。

"是×××哦。"我很快说出她的名字，把老公吓一跳。

千万别小看女人的记忆力，每个女人对于另一半过往的恋爱史可是如数家珍，只是不会在他面前随意展现这项特殊才能。

"很奇怪耶，她很清楚你的一切动静，你有在博客贴过我的照片？什么时候提过我的真名，说我是你老公？"

"没有吧！"我一向很想忘记自己已婚的事实，不想当个人妻，比较希望自己永远是小姐。

"那她怎么会知道你那么多事呢？从哪里得知的？你们之间有共同认识的人吗？"老公现在的表情很像柯南。

"网络随便搜索一下，什么大小事都能打听到吧。"我觉得老公大惊小怪。

"你们女人很奇怪，为什么会想知道前男友的老婆是个什么样的人？"

我家老公真的太单纯了，女人想知道的绝不是自己不想要的那

· 121

个男人离开了自己之后，日子过得好不好，而是会好奇他娶了什么样的老婆。如果是一个比自己差得多的女人，就会莫名其妙心情好。万一是个比自己苗条漂亮的女人，难免心理不太平衡。

这种比较的心态，普遍存在于女人的血液里。好姊妹之间也会比较，比谁的男朋友条件好，比谁的爱情幸福，比谁的情人节礼物够分量。年纪愈来愈大，就开始比较谁的婆婆比较难搞，谁的小孩成绩好，谁的老公升职快。连姊妹之间都会拿来较量，更别说是交往过同一个男人的女人们，当然会想知道爱过的那个男人现在跟什么样的女人在一起。

"这种心态很奇怪，女人这么没自信吗？"老公说。

才不是没自信呢！这不过是茶余饭后的消遣，像手机游戏一样用来打发时间罢了。借由观察别人的生活，随时衡量自己的价值是女人天生爱玩的游戏，只不过，的确有不少人在游戏中迷失。

然而，因为在社交软件上看见前男友的老婆长得比自己胖，就能开心一整天，为这种小小的事而快乐，或是烦恼，这也是女人的可爱之处，不是吗？男人总爱说女人幼稚，但完全去掉这些幼稚，就不是女人了。

"总之，人家是对我有兴趣，才不是对你有兴趣呢！"我瞄了一眼老公。

> 私房秘语：懂得欣赏女人的幼稚是男人必修的功课。

63 爱情不是比烂大赛

Mina 最近终于嫁了，对象是一个姊妹公认的烂男人。婚礼当天，姊妹全到场庆贺，没有人说新郎坏话，因为 Mina 交过的男友只有两种：烂男人和比烂男人更烂的男人。所以她最后选了烂男人当老公，也算是个令人欣慰的结局。

如果你的第一部车是国产小轿车，第二部车可能会买进口车。如果你第一部车是辆脚踏车，那么，当你后来买了一辆中古车，即使冷气不冷，车门要很用力才能关上，你仍然会觉得这是辆好车。男人也一样，如果你交的第一个男朋友是个好吃懒做，总向爸妈伸手的啃老族，即使第二个男友的正职是在便利商店打零工，赚得不多，你还是会认为他很不错，至少自食其力靠自己。

Mina 的第一个男友会家暴。当她好不容易摆脱初恋男友的暴力阴影，遇上第二个男友，即使他有一百个缺点，只要不会打她，Mina 就认为他是个好男人了。

这种现象我称为爱情的"比较级迷思"。我发现很多女人之所以能忍受现任男友夸张无理、匪夷所思的要求，都是因为之前的男友更糟。她们有过比现在更差的经验，因此宁愿保守地维持现状。若是有人好心鼓励她分手，可能被她当作好管闲事，赏以白眼，因为她担心分手后会遇上比现任男友更烂的男人。

爱情不是比烂大赛，挑男人更不能抱着"只要不是最烂的就好"

这种心态。如果你曾遇上烂男人，更要以此挫败的经验为梯，一口气往上爬，跳过那些烂男人和可能是烂男人的人。

曾听说某位朋友培养孩子的方式是每年暑假固定带他们出国增广见闻，平时多带他们到处去各种高级餐厅、饭店和画廊等一般父母不会带小孩子去的场所。朋友认为要让孩子从小了解什么是好的、美的、高级的，长大后才会懂得欣赏，懂得分辨。我觉得挑男人也类似，如果你没见识过真正的好男人，当然分辨不出怎样的男人才算好。

书上、电视上说的那种经济、外貌、家世和职业俱佳的王子型男人，对一般女人而言不过是模糊的印象。真正的烂绝不在这些条件选择上，而是两人相处互动的过程中，这男人懂不懂体贴别人？会不会倾听你的声音？尊重你吗？能沟通吗？说话算话吗？做事负责任吗？会把你纳进他的未来蓝图吗？以上这些都是举例。建议你现在就把身边人人称赞的好男人全参观一遍，再来想想自己的标准在哪儿。

> 私房秘语：不要委屈自己忍受烂男人，只因为他比其他烂男人好一点。

64　珍惜为你吃醋的人

我躺在沙发上看DVD，心血来潮，问老公跟前女友多久联络一次。

"一到两天吧。"老公实实在在地说，没察觉到我已经从躺着变成坐着，事情大了！一到两天？会不会太频繁了？

"就没事QQ聊一下。"老公补充。

"你们都聊些什么啊？"我假装轻松地继续问。

"没什么，就随便聊。"老公说。

什么叫随便聊？聊天总有内容吧！这回答太敷衍，有鬼。

"聊什么话题？讲些什么？"我又问，已经没注意电影演到哪里了。

"没什么重点啦，很无聊的，就……聊聊洗衣服啊、买东西啦、她今天做了什么啦……"

洗衣服这种话题会不会太私密了？她今天做什么还要跟你报告，听起来可不单纯。

"你不会觉得跟一个前女友，每一到两天联络一次，太频繁了吗？"我忍不住提高音调。

"哟？我怎么闻到浓浓的醋意？你还会吃醋啊？"老公开玩笑地说。

真是不识相，哪有一个爱你的人不会吃醋的啊？

"我又不是年轻帅哥,哪有人会把我当出轨对象?你想太多了!"老公自嘲。

这句话更不通了!在爱你的人眼中,你当然是有魅力的,不然干吗还爱着你啊?再说,成熟男人的魅力不容小觑呢。

"你真的在吃醋啊?"老公很意外。

他会有这种反应,是因为我不常吃醋,也不喜欢爱吃醋的人。曾遇过超会吃醋的男友,以爱我为名,处处限制我、约束我,让我不得不对他说再见!热爱自由的我底线很宽,鼓励老公交朋友,也不认为爱情就是要两个人一天到晚黏在一起,容不下别的人、事、物。但是,即使是超不爱吃醋的我,醋意仍是潜藏在皮肤底层的,那是一种跟警报器一样,一嗅到危险就会释放的物质。

因为有爱。

如果你爱着一个人,你一定会吃醋,在意他与他人的关系比你紧密,计较他对别人比对你好。这些小心眼是爱情里的一部分,或者说是很美妙的部分,证明你们之间有着比任何人更亲密的联结,这种亲密不容外人入侵。这就是爱情。

如果你身边的那个人不会为你吃醋,你跟谁出去都无所谓,晚回家也不生气,跟旧情人频繁联系也不在意……那么,你们之间早已没有爱了!

"好吧,我是吃醋,那又怎样?不行吗?"我挑衅地对老公说。

> **私房秘语:** 珍惜身边会为你吃醋的人,那是真心爱你的人。

65 你的爱情开分享了吗？

Serena 的老公远在北京，两人从交往到婚后，几年来一直处于两地相隔的状态，但他们爱情的热度从未因距离而变淡，两人感情之好令人羡慕。有一次我和 Serena 去买衣服，她边试穿边用手机拍照，立刻传给老公，问他该买哪一件？每次和 Serena 吃饭，她都会边打电话边点菜，把菜单念给老公听，两人热烈讨论哪一道菜比较好吃。

这个状况我很熟悉，过去老公还是职业军人时，我也是边逛街边打电话，边喝咖啡边打电话，甚至边熬夜赶稿边打电话。

"太无聊了吧！这种小事有什么好讲的？"

"浪费电话钱！"

"你们时间太多哦！难道都不必工作、上班、干点正事吗？"

如果你会这么想，那我敢说你的爱情分享键并没有打开。或许你对同事开了档案分享，对网友开了信息分享，却忘了对情人开分享。

我向来相信，情人之间要互相分享一切能分享的，生活、想法、每天的心情、遇到的难题、讨厌的同事、上升的体重，甚至今天便秘了、下午吃得太饱了、昨天晚上被蚊子叮……再小的芝麻小事，都属于分享范围；或者说，没有任何事不属于分享范围。我认为分享得愈多，两人的关系愈紧密；分享得愈少，两人的关系愈疏离。

建立分享的习惯绝对是维系感情、延长爱情保存期限的最佳方法。

"我真的试过，但我男友觉得我很无聊，干吗跟他讲那些有的没的，浪费他时间。""我女友每次讲的都是韩剧的剧情，我又没兴趣，很无聊。""无论我怎么问，我老公都不讲半句，从不跟我分享他的工作、他的想法。""只要我一开口，不用一分钟，我男友就会打断我！"许多网友告诉我他们的难题。

大多数男人喜欢谈论有意义的话，抱怨女人聊的那些琐碎小事对人生没帮助；大多数女人则抱怨男人不愿打开心门，要不然就是喜欢打断她们的话，不断批评她们正在陈述的事，试着给她们有用的建议好结束话题。

事实上，大家都忘了爱情不是什么人生大道理，也不是什么时政论坛，不过就是这些生活小事。这些小事堆积起来，足以左右你们的感情该结束还是继续。那些情人之间看似没意义的对话，其实充满了意义，让你和他距离更靠近。

或许，你乐于在博客上开分享，在社交软件主动分享，却忘了在爱情里打开分享？

私房秘语：分享键就是幸福的关键。

66　爱打嘴炮的男友

　　网友 Sophia 写信给我，有一次她借用了男友的计算机，无意中发现男友竟在网络上和别的女网友互称老公老婆。男友解释那只是玩在线游戏一时好玩，不代表什么。之后，Sophia 在男友的社交软件上发现亲密措辞的留言，这一次，男友说是那女生单方面对他有好感，如果因此惹得 Sophia 不高兴，他会去跟那女生说清楚。

　　虽然男友保证他乖得很，但 Sophia 已起了疑心，开始频繁登录男友的博客、社交软件，偷偷观察男友的通信名单，赫然发现叫她的男友"老公"的女网友不止一人！Sophia 吓坏了，这才发现她一直与众多女人分享同一个男人。

　　经过一段时间的搜证，Sophia 逐渐厘清真相，原来问题没那么严重，她的男友肉体上还是对她忠诚，他不过是个嘴炮王，只要是大头贴照片看起来还可以的女生，他全不放过。是他先跑到人家的博客、社交软件去留暧昧的留言，女生才会回应。这男人还有点墨水，总是会写出让女人心痒痒的话，撩拨功力高，搭讪能力强，恐怕早就能出书授课。

　　两人摊牌当天，男友拼命解释不过是嘴上打闹，他跟那些女人真的没有什么，要 Sophia 千万别那么小心眼，钻牛角尖。Sophia 一时被男友说服，两人说好，以后男友收敛些，Sophia 则要学会信任，不要太爱怀疑他！两人开开心心地和好如初。

过了一段时间，Sophia 发现男友老毛病又犯了！这回他的对象是 Sophia 的朋友，她用怪异的表情看着 Sophia，告诉她："你的男朋友好像对我有兴趣！"

这一次，Sophia 脸丢大了！怎么也吞不下这口气，找了男友质问。男友一脸无辜的模样，说："是那女生自己误会了吧，我不过是对她友善而已，哪有跟她怎么样？"Sophia 愣住，她的确没抓到他出轨的证据，不过是一些暧昧言语，却干扰了她的心，也动摇了他们的感情。究竟是她有问题，还是男友有问题？

我觉得这封信很有意思，明明是男人自己有问题，嘴上不牢靠，这下变成女人自己的问题，是你们女人心胸狭窄、爱吃醋！还真的有不少女人就这样被说服，以为都是自己的错，应该要忍受男友爱打嘴炮，总比他们真枪真刀去外面乱搞好。

我个人认为喜欢在嘴上和女人开玩笑的男人，就会有游走于暧昧边缘的习惯，就是出轨的高危险群，不管理由是什么，开玩笑、好玩、纾解压力、一时兴起、配合对方演出……都不是对爱情负责任的表现。

嘴炮打多了，很难不出事，空炮弹也会砰砰响，把人给吓跑。一个真正懂得尊重女朋友、认真看待你们之间关系的男人，绝不会是个爱到处打嘴炮的男朋友。

> **私房秘语**：千万别以为男人一定会痒，因而默默忍受他爱打嘴炮的坏习惯！

67　劈腿是因为不想伤害你

"没有勇气提分手，却有勇气劈腿？"完全无法想象比韩剧还鬼扯的情节会发生在我身边。

我的朋友 Angla，抓到她的男友 Chris 劈腿，两人约好谈判，为了避免情绪失控，大打出手，Angla 特地找我去旁听，Chris 也找了他的好友助阵。四人一坐下，Chris 便开始解释，他并非一开始就计划好要欺骗 Angla，实在是不小心遇到了另一个更适合他的对象……一开始他也很挣扎，不想做对不起 Angla 的事，但感情这回事无法用理智控制，终于他愈陷愈深，爱上了新的对象，打算和 Angla 说再见。

"我不想骗你，一开始就想对你坦白，但是，看到你对我这么好，这么爱我，我很担心一旦提出分手，你会承受不住。"Chris 好心地解释。

于是，为了不让 Angla 伤心，Chris 便偷偷摸摸背着 Angla 和新女友交往，又为了不让 Angla 怀疑，他一直努力掩饰偷吃行径，务必做到让 Angla 安心，又能让新女友开心，累得很。

"要不是怕你难过，我何必这样遮遮掩掩，难道你看不出我对你的用心吗？"Chris 苦口婆心地说。

"所以，你还是在乎我的……"Angla 一听，眼泪纷落。

"那当然，要是不在乎你，怎么会劈腿呢？我大可狠心说分手，把你一脚踢开，你能不能接受，你要死要活都不关我的事，我只管和新女友开开心心谈恋爱，那多轻松啊！"Chris 感叹。

"亲爱的，你对我真的太好了……"Angla 一脸感动，双眼发亮。

我快受不了了，真希望这是电视播出的烂剧情，伸手就能关掉。唉，恋爱真能让人瞬间降低智商，聪慧如 Angla 也被男人牵着鼻子走。幸好我也不是笨蛋，借口晚上要播的连续剧不能错过，赶快站起来走人，不想介入他们的感情纠纷。

没有勇气提分手，却有勇气劈腿？这是什么歪理，说是为你好，怕你难过，却不断做出伤害你的事，让你更难过，这种爱情早已解体了吧？

男人总喜欢用不想伤害你来当借口，粉饰自己说谎、隐瞒、偷腥等行为，女人也够笨的，只要男人摆出一副为你着想的模样，十个有八个都会沦陷，失去理智。

我认为真正不想伤害你的男人，一开始就不会出轨。一个已经伤害到你的男人，没有资格用这种烂借口来包装自己的恶行。

> **私房秘语**：有勇气当坏人，坦白提出分手的，才是真的不想继续伤害你的男人。

68　胡聊不如真心话

"这不是出轨,顶多算爆胎罢了!"阿越一口咬定,他与网友巴黎草莓的关系,不过是在微博上彼此关注,在社交软件上互设为挚友,"我真的没有对她怎么样哦!"

阿越撇得一干二净,但那是在女友面前。当着我们这些朋友的面,阿越说法又不同了,据他认为:巴黎草莓和他在一起已经半年了。

"怎样在一起呢?你们到什么程度了?"我问阿越。

"打打电话啦,通个短信啦,每天回复她的网络留言啦,偶尔半夜一起上线玩网络游戏,还有……见过几次面。"阿越老实地说。

"这样还不算出轨吗?这绝对是精神出轨!"我严厉地指出。

最近发现,不只是阿越,身边好多朋友,无论男女,都开始维持这种类似精神出轨的交友关系。说没怎样,确实弥漫浓厚的暧昧气息;说有怎样,倒也还算清清白白。

花花腿长,一女劈三男,除了老公,还和男网友 Kelvin、拿铁同时维持着频繁的网络亲密关系。现实世界中,花花年过三十,是个已婚少妇,但大头贴里的她看起来顶多二十岁,青春洋溢。许多男网友爱找她聊天,花花活泼热情,来者不拒,"就聊天嘛,也没什么,东聊西聊排遣时间罢了"。但聊天也能聊出感情的,长久下来,Kelvin 与拿铁都自以为是她的"网络男友",还会彼此嫉妒,为花花先回复谁的近况而吃醋。

但他们都清楚，花花是有老公的人，男女之间那条身体亲密的线，他们都谨守着，没有跨越。

"所以我没有对老公不忠哦！"花花说。

"那两个网络男友是怎么回事？虚拟的吗？"我没好气地说，因为我知道花花超怕她老公发现 Kelvin 与拿铁的存在，每次通话后都会把记录删除，关计算机前一定记得注销，免得被捉到。

"如果真觉得清白坦荡，何必要这么小心翼翼地隐瞒？"我质疑。

"说起来我老公还得感谢他们呢，要不是他们的出现，我和老公的婚姻早就完蛋了！"花花故意转移话题。

其实她说得不无道理，花花与她老公相恋多年才结婚，老夫老妻早没了热情，加上老公打呼噜困扰她睡眠，两人早已分房睡。夫妻只要一分房就很难再合回来，花花的婚姻早就危在旦夕。

"还好有这些男网友时不时地打情骂俏，给了我信心，让我有恋爱的感觉，才能跟老公继续相处下去，让婚姻起死回生。"花花解释。

胡聊这种游走出轨边缘的关系，小心让你的爱情爆胎，失去控制，撞得一塌糊涂！

> **私房秘语**：花时间与网友瞎聊胡混，不如拿那些时间跟你的另一半多聊几句真心话。

69 还没开始就已经结束

有一种爱情，还没开始就已经结束，这种爱有时比被背叛、被抛弃还要难过，因为连心痛都没有资格。

Alice 某天下班时，在地铁上遇到一个让座给她的男人，她忍不住挑眉问："我肚子太大，看起来像孕妇吗？"

"因为你看起来很累的样子。"穿格子衬衫的男人回答。

Alice 尴尬地坐下，看着车窗上映照出那张疲累的脸，最少比她的年纪多了五岁。车窗上也出现格子衬衫的身影，他没有盯着 Alice 看，默默低头把玩他的 iPhone。

从此以后，Alice 每次上车都会忍不住张望有没有格子衬衫的踪影。虽不是每一天，但一个礼拜有两三天，她总能遇上他。一开始，他只会礼貌地点点头，继续玩他的手机；多碰了几次之后，他开始会跟 Alice 打招呼，慢慢地，他们开始聊天。

原来两人的公司仅隔了一个地铁站，下班时间又一样，碰上的概率自然大。后来，Alice 每天一下班就小跑步赶到地铁站，期望能遇到他。

原来他习惯在地铁上看电子书，Alice 开心地说自己在出版社上班。两人从最近出版的书、最喜欢的书一路聊到下车。睡前，Alice 忍不住祈祷，希望每天下班都能遇见他。

同事都说 Alice 变漂亮了，一定是谈恋爱了！Alice 只是笑笑，没有否认。的确，她开始早起半个钟头打扮，注意每天不穿同样的衣服，头发也比以前更常去修剪，还会买以前不敢尝试的洋装款式。

终于，Alice鼓起勇气，打算开口约他去逛书展。那一天，Alice偷偷请同事帮忙打卡，提早十分钟下班，以确定自己不会错过地铁。Alice如往常，走过一个个车厢寻找，却看见他身边坐了一个穿无袖背心的女人，两人亲密谈笑着，显然不是普通朋友。格子衬衫的手放在女人晒成巧克力色的赤裸手臂上。

一切还没开始就已经结束了。

Alice哭着问我，是不是她命不好，老是爱上别人的男友、老公？我摇摇头，不管男女，总有些人常常谈着还没开始就结束的恋爱，恐怖的是，像轮回一样，往往一次又一次，难以挣脱。

"而且我还不能骂他，他又没对我承诺过什么，我连难过的资格都没有……"Alice哽咽地说。

看吧，这就是问题，不是命盘出错，而是个性太天真，感觉太迟钝。

当你还没搞清楚对方的爱情状况，还不够认识他，就开始唱起浪漫的恋曲，单方面投入感情，把可能只是友善的人际互动误解为他对你有意思，独自编写你们的爱情剧本，下场往往就是这样。

爱情很美，但还没开始就已经结束的，不叫爱情，只是幻想罢了。

私房秘语：还没搞清楚状况就疯狂付出的人，不叫专情，更不叫热情，而是想象力太丰富了！

70　容易恋爱的体质

看到一些学生写的剧本,男女主角的恋爱戏写得怪怪的,我忍不住问:"你没跟男朋友吵过架吗?""你男朋友跟你告白的时候会讲这种话吗?"后来,我才发现,因为她还没谈过恋爱,所以不会写。我感到震惊,20岁了还没谈过恋爱,我难以想象、无法理解20岁还没谈过恋爱的人是怎么生活的。或许自以为是,但我觉得她们的生活可能少了一些乐趣,太可惜了!

我跟学生说想帮她们介绍男朋友,多谈一点恋爱才能体验人生,充分经历过那些被男友欺骗、吵架吵到睡不着、光牵着手就觉得可以放弃一切的感觉,未来活着才会笑得更开心、哭得更大声,更真切体会所谓人生是怎么一回事吧。当我这么说,却被老公瞪,这才想起,他老爷二十好几才开始交第一个女朋友,而我的初恋发生在幼儿园。

深入思考过后,我发现原来人分成两种:容易恋爱与不容易恋爱的体质。时常写信问我恋爱问题的网友、读者有两类,一类是:"怎么办,我都交不到女朋友!""请问怎样才可以找到理想的对象?""我都没有人追,怎么样才会有男人缘呢?"这一类的人不知道怎么踏出恋爱的第一步,属于不容易恋爱的体质。另一类则是:"我喜欢 A 男,后来又爱上 B 男,我该选择谁?""同时有两个男生在追我,怎么判断谁比较适合我呢?""我结婚两年了,最近又对一个网友感到心动……"这一类人常陷入恋爱的迷宫里，有着容易恋爱的体质。

即使看到年纪比我小上许多的男明星，还是忍不住觉得好可爱，追看他主演的电视剧，还加入他的粉丝团。遇上满头白发的老先生，学识渊博，聊起天来风趣幽默，我就会想着应该早一点出生才能遇上他，在我心中仍把他归类在"男人"，而不是"老人"。不管在咖啡店、吃路边摊或等红绿灯时看到男人，就会自动搜寻出属于我的菜，偷偷多看他两眼。虽然知道不可能跟他有什么交集或进一步的发展，但光是想到世界上有这么可爱的男生就觉得心情很好。虽然和老公在一起超过十年了，还是会把冷冰冰的脚伸进被窝里，把他冰醒，像刚刚交往那时一样。我想，我也属于容易恋爱的体质吧，时常幻想恋爱的可能性，充分感觉到身边经过的异性，永远无法享受停止谈恋爱的感觉。

或许，容易恋爱的体质是上天的礼物，也是一种生活态度吧，试着用更开放的眼光去看你身边的每一个异性，放宽你的标准去欣赏他们，而不是挑剔他们，你会发现这个世界充满了可爱的男人与女人，还有，更可爱的你自己。

私房秘语：拥有健康和谐的体质，才能拥有快乐幸福的人生。

71 需要时才爱我

每个人或多或少都遇过这种"目的性"的朋友,平时不联络,只要他打电话给你,不是需要你帮忙,就是有事情想向你打听,总要有求于你,才会主动联系。一开始,你可能觉得他特别忙,不以为然,每次他找你,只要在你的能力范围内,你仍乐于帮他。渐渐地,你感觉自己的友情是单方面的付出,也不再主动打问候电话。直到有一天,状况反过来,你需要他帮忙,他却不见得有空回你电话,也不一定乐意帮你。这时,你便决定不再把他当朋友,两人的关系立刻疏远了。

不只是友情,恋爱上,也有这种"目的性"的恋人。我遇过不少网友来信抱怨自己的男友,跟她交往的原因是为了结婚,没事不会打电话,每次找她,不是为了敲约会时间,就是要通知她取消约会,绝不会闲着没事打给她,只为了听听她的声音。每次见面,几乎都会上床,当她委婉拒绝说这几天不太方便,他会看起来有点扫兴,比往常更快结束约会,提早离开。种种行为难免让人怀疑,这个男人并不真的爱她,而是当他需要有人爱的时候,才来找个对象爱。

有一次我鼓起勇气对某个"目的性"很强的朋友说真话,骂他总是有事才出现,没事就不见,简直在利用我的友情。他非常讶异,连番追问与道歉,没想到会给我这种感觉!我比他更惊讶,因为先前几个朋友聊起他时,不约而同,大家都有同样的感受,当事人竟丝毫无感，不知道大家都在抱怨他。

会不会在爱情上，所谓"目的性"的恋人也是无感的？毕竟那些在职场上征战惯了的男人们，早习惯为每个工作订下目标，早训练自己做每件事都有目的，才不会浪费时间。他并非利用你的爱情，也不是不爱你，只是不知道自己的行为会给你这种不好的感觉。而你，又想当一个懂事的情人，一直不曾把话说开，还自己帮他找了种种借口，可能他工作太忙，或许他不爱讲电话，应该是他习惯有事再联系……以至于他根本不晓得在你眼中，自己已成了一个需要时才来爱你的自私情人。

鼓起勇气摊牌吧，把你的感觉说开，许多男人还真的不明白所谓的恋爱就是没事也会联络；所谓的情人就是没有目的，也想要腻在一起，即便说些傻话，也无所谓。

> 私房秘语：恋爱跟逛街很像，男人总是有东西要买才出门，女人却喜欢没有目的地闲逛。

72　愿意给承诺的才是好男人吗？

最近我老公很有人气，快成为网友的偶像了，因为我常在社交软件、微博上碎碎念，不小心泄露了老公的真面目。如计划去度假，我写上"老公说：'香港停一天，不够你买吧？停两个晚上好了。'瞬间觉得嫁对人！"很多人点赞，羡慕我嫁了好老公，更有不少的网友留私信给我，抱怨她们都找不到这种愿意给女人承诺、对爱情有责任感的好男人！

"为什么现在的男人都不愿意给承诺呢？""我遇上的男人大多只想跟我玩玩，不肯承诺未来……""到底要怎样逼男友做出承诺呢？教教我吧！"这一串问题，是许多女人的困扰。我的好姊妹Tina甚至说，她早就对男人失去信心，除非运气好，碰上一个愿意给承诺的好男人，否则她情愿不谈感情，"否则爱来爱去一场空，徒然浪费青春，既然不会有好结果，那就别开始吧！"有小张柏芝之称的她，已经一年多没约会了。

"可是，我不认为愿意承诺的男人才是好男人耶！"如往常一样，我的想法又跟姊妹完全相反，当然，一说完这句话，我又差点被姊妹围殴。大家都认为是我走狗屎运，嫁到好男人才大放厥词。

"承诺本来就是空的嘛，未来有什么好承诺的？谁能保证未来？那种刚交往没多久，便许下诺言说要爱你一辈子的男人才是大骗子吧，千万不能碰！"我不顾姊妹的白眼，继续说。

两个人在一起，本来就无法互相给予承诺，所谓的永远爱你，不过是被爱情冲昏头的呓语。这个世界一直在变，人也随着环境改变，谁也没有资格对谁承诺永恒。即便结了婚，我也无法保证会爱我老公到永远，他也无力保证一辈子对我忠诚。大多数的人都憧憬永恒的爱情，渴望得到对方不变的承诺，于是互相质疑、苦苦相逼，担心对方不守信用，违背诺言。

事实上，所谓一辈子的承诺必须等到发生之后，你才能真正相信。否则，即使对方信誓旦旦，你仍旧缺乏安全感，担心有天会杀出小三，感情变卦。要一直到老去，白发苍苍之时，我跟老公还能手牵手一起过马路，我才会真正相信我们能爱一辈子。在那天到来之前，谁也无法保证，而那保证也没意义，只是当下的激情、深情或责任感罢了。

你对爱情有期望，我也有，大家都有，尤其是女人；然而我们都不该过度依赖男人的承诺，以为它能带给我们美好的未来，这是不可能的。美好的未来，只有我们自己能给予。所谓男人，跟我们女人一样，充满了缺点，会迟疑，会害怕，会担心承诺无法实现，所以不敢许诺，这不是他们的错。

爱情跟电灯的开关不同，不是一打开之后你的世界就亮了，爱是渐进式的互动，当你与他的相处愈来愈和谐，感情才会愈来愈深厚，你期待的承诺，也才有可能在未来发生。

私房秘语：下一回，请别再说找到愿意承诺的男人才要爱！

73 期待浪漫却懒得浪漫

经过了数个月痛苦的剧本赶工，剧本终于杀青了！趁着结婚纪念日外带老公生日的双重名目，趁势加码是绝对必要的，来个港澳休息看秀加购物应该不赖吧，我立刻上网订了自由行。

"四天三夜够吗？扣掉交通时间，你到香港有时间逛吗？要不要多待一天？""你想购物的话，要不要带个大一点的行李箱去？"我差点以为剧本还没写完，老公竟讲出偶像剧男主角才会冒出的对白……我伸出手，真想打自己两巴掌试试眼前这位真的是我老公吗？人称抠客的男人怎么今天这么大方，看来结婚还是结对了！

二话不说，赶紧把这天大的好消息分享到社交软件，一来公告周知，以防老公变卦，再者我的钱不多，炫富是没办法了，炫炫幸福也不赖。

"真浪漫，我家那块木头，别说是香港，连我娘家在南港都懒得带我回去。"Suki 立刻回了一篇抱怨文。

"我家那位，生日不会送礼，也没有大餐，平常更是连出去吃饭都懒得去，一点都不浪漫，真不知道我当初怎么会看上他。"Suki 又哀怨地补上一枪。

我赶快假装脱机，Suki 一抱怨起她的老公，两小时也讲不完，垃圾狂倒，就爱抱怨她老公不够浪漫，跟追她的时候差别很大。

原本我还蛮同情她的，但有次跟她一起逛内衣店，看她专挑大婶内裤，忍不住问她结婚多久了？

"一年多。"Suki 回答。

"一年多就穿这种内裤，会不会太快了？"我问。

"不然呢？"Suki 瞄了一眼我手中那件，帅气地笑着说，"那种是谈恋爱的时候穿的，婚都结了，我早就丢了！"

"但偶尔也可以浪漫一下，有点情趣嘛……"我有些尴尬。

"干吗那么累装浪漫啊！"Suki 帅气地说。

那句话一直放在我内心深处，并不是我觉得大婶内裤不好穿，而是……这女人也太懒了吧，想要男人给她浪漫，自己却懒得给男人浪漫!

"别老是要求你老公,偶尔你也得比照办理,对他浪漫一下。"我好心地提醒 Suki。

"女人才需要浪漫吧,他一个大男人需要那种东西吗?他比较想要一部手机吧。"Suki 断然否决我的话。

偶像剧都是这样教我们的,一个帅气挺拔又多金的男主角,为了心爱的女友,包下整座游乐场,在黑夜里为她亮灯,所以,制造浪漫是男人的宿命,享受浪漫是女人的义务。很抱歉,刚刚讲的那是戏,在现实生活里,还是需要一些公平原则,女人想要的,男人也想要。我以为,只收取不付出的浪漫,不叫浪漫!

> 私房秘语:爱情的公平原则不是讲求真正的公平,而是一种互相尊重。

74 第二顺位的最爱

拎着大包小包行李的 Bella,一下飞机没有马上回家去,反而是约我出来分享出国的喜悦,着实让我感动了一番。

"唉,出国太频繁了,一点快感都没有,要不是机票和饭店早就预付了,我还真不想去。"Bella 冷漠地踢了踢脚边的行李箱。

Bella 几乎每隔一两个月都会出国去玩，百货公司周年庆更是专柜特地保留商品的 VIP 级客户，姊妹之间，她算嫁得最好的一个。

"没办法，我老公一直觉得自己不够好，要不然，哪需要做这么多事情讨好我！"虽然我知道这一顿 Bella 会请客，但是这些话听起来还是让人恨得牙痒痒的，我用力地咬了一大口眼前的牛排。

"你也知道，其实我老公并非我的最爱，我的前男友长得像张根硕，帅气又可爱，温柔又体贴，比我老公强上好几倍，唉，我一辈子都忘不了他。"Bella 一脸陶醉，这位"前男友"的事，我早就听腻了。

"为什么这世界这么不公平，和我结婚的，竟然不是我的最爱！"Bella 不禁长吁短叹了起来。

不只是 Bella，许多人都认为最后在一起的不会是最爱的那一个。有种说法，结婚的对象常是第二顺位的爱情，最爱的那一个会因为种种原因无法相守到老，陪在你身边的总是第二喜欢的人。老实说，我也曾认同这种说法……我老公的长相、条件、能力各方面，在我交过的众男友之中也并非最佳的，刚开始在一起的时候，我不认为他会是我这辈子的最爱，暗自念念不忘没有缘分能走在一起的 H 男，还有因父母反对而分手的前男友……内心角落有着一丝遗憾。

然而，随着时间的累积，交往的这些年，我早将老公的位置往前调整，变成我的最爱了。每天早上醒来，都很开心能看见最爱，觉得自己过得很幸福。

我认为人的顺位是可以调整的，或许，你也曾有过最爱的人，因为种种原因，很遗憾没能牵手走到现在。你可以怀念他，但请不要认定他会是你一辈子的最爱,把眼前对你付出的人踢到第二顺位,一口咬定这样的排名顺序不会改变。不是自我催眠,而是改变观点,别固执地认为"最爱"的顺序无法调整,永远怀念没有缘分的那一个,活在回忆里,忽略了此刻、眼前、现在对你认真付出的那个人。

> 私房秘语:你所需要做的不是将你交往过的人排序,而是珍惜现在站在你身边的另一半。

75　自我嫌弃的爱情

"天啊!重了0.2公斤,怎么会这样?我昨天连晚餐都没吃,怎么会变胖呢?"早晨一起床,我照例站在磅秤上开奖,那上面的数字决定了我一天的心情,不,应该说决定我老公的命运。若是瘦了,我心情好,老公那天也很开心;要是胖了,他可没好日子过,我会在他耳边不断叨念:怎么办,变胖了,衣服都穿不下了!

"你们女人真的很奇怪,不是嫌自己胖,嫌自己皮肤不够白,就是嫌自己胸部小……唉,什么都嫌,总能找得到嫌弃自己的理由。"老公说。

对耶,我忽然发现他讲的很有道理,不管是哪个女生,几乎没有人认为自己完美无缺（至少我还没碰到过、也没听说过），尤其是身材和外貌，每个女人都觉得自己有缺点。

曾在工作上遇到过某个女明星试装时，嫌自己手臂太粗，想穿有袖子的衣服，我看着她细瘦如小女孩的手臂，都没我的一半粗呢。连漂亮的女明星都会嫌弃自己了，更别说一般女人……"我的屁股太大了！""我的眼睛太小！""我皮肤不好，老是长粉刺！""你别看我瘦，其实我腿很粗！""我讨厌我的自然卷，一下雨头发就卷起来，很丑！""我的手指头太瘦，不像有些人白白嫩嫩的，看起来很像贵妇！"这种抱怨听起来很熟悉吧？事实上，女人自我嫌弃的不只是外表。

Amanda 发现男友有了新欢，她做的第一件事是大哭，第二件是把姊妹叫出来，商量她该不该去做手术？

"据我目测，我男友的新欢至少有 E 罩杯的水平，你们觉得我该做多大？"Amanda 认真地低头打量自己。

"你男友会不会偷吃，跟罩杯大小没关系吧！"我忍不住出声。

"他一定是看上她的胸部！一直以来，他都喜欢有事业线的女人，偏偏我……"Amanda 说着哽咽了起来，"是我不够好！"

这个情节也很熟悉吧？爱情离开的时候，女人会自我嫌恶，挑出自己的毛病，认为要是自己能够改，就能留住男人的心。若是爱情迟迟不降临，女人也会将矛头指向自己——"我太胖了，所以没有人追。""我长相平凡，又不会打扮，所以没有男人缘。""不管爱或不爱，女人都太容易自我检讨，觉得自己不够好，不配得到幸福。"我说。

"我哪有说我不配得到幸福？"Amanda 反驳，她仍在思考新罩杯的尺寸多少才够？我苦笑，她是没这么说，但她的行为已充分证明。

大多数女人总以为自己要是更好一些、更漂亮、身材更棒、更会打扮、更温柔体贴……就能永远赢得男人的爱,得到所谓的幸福,却没几个人想过一个男人要是真的爱你,不管你有多少缺点,他都会接受。

> 私房秘语:每天列出一个优点,给自己点一个赞,改掉自我嫌弃的坏习惯。

76　男人都怕败家女?

从港澳度假回来,开开心心地把战利品分享上社交软件,仔细一数,天啊!我总共买了二十八件衣服,难怪行李箱差点爆掉。不料我这么一分享,马上引起某些人的不舒服。

"你们女人这么爱买,好败家!是要多少件衣服才够?""还好你已经嫁了,身为男人,我真同情你老公……""要是我女朋友像你这么爱败家,我早就跟她分手了!我最受不了爱花钱的女人!"看完这些留言,我终于明白,对男人来说,最恐怖的女人不是拜金女,是败家女!

男人为什么怕爱花钱的女人呢?我认为一是怕自己供养不起,二是认为这样的女人不适合娶来当老婆。有的男人在交往之初,一发现女人很擅长花钱,就立刻抽身闪人,似乎都以为爱花钱的女人代表不知满足、物欲强烈、浪费金钱的女人，因而退避三舍。绝大多数男人的观念仍停留在要结婚就必须找个省吃俭用、懂得理家的贤内助，爱败家的女人只会拖垮男人的一生，这种看法过时了！

女人的想法却完全不同："我花的又不是他的钱，为什么他不准我买？""我自己赚钱自己花，就算拿来买不必要的奢侈品，也是我自己的事啊，为什么要让男人管我怎么花钱？""我辛辛苦苦工作，多买点喜欢的东西来犒赏自己、宠爱自己，有什么错？"嘿，听起来很有道理嘛。时代不同了，女人赚得不比男人少，工作是她们生活的一大部分，认真付出，用力花钱，是女人享受人生的态度。

于是钱要怎么花？如何才算败家？男女在这件事上观念大不同，不少情侣、夫妻为此吵架。坦白说，我也被贴过败家女的标签，就因为不懂得在男友面前掩饰花钱的欲望，他难以接受出手太大方的女人，我也无法忍受一毛不拔的男人，两人因此渐行渐远，终于走到结束。

事实上，只有极少数的人购物成瘾，可能患有心理疾病。我所认识的败家女皆非爱买成性，花钱如流水。只是单身惯了，舍得把钱花在自己身上，每天把自己打理得漂漂亮亮，懂得取悦自己；开开心心地享受生活，又不忘兼顾生命中的各项平衡，工作、家人、朋友、自己，都照顾得不错；她们过得独立又有自信，虽然会花钱，也懂得赚钱，更明白怎么把钱花在值得之处。我以为这种女人才有帮夫运呢，不是拖垮男人的凶手。

所以男人看到女人败家的豪举，不必担心得太早，因为任何既定印象，瞬间将对方淘汰出局，其实是你的损失。多些观察，更多了解和沟通，别被表面误导了，才是聪明的交往态度。

> 私房秘语：任何观念都能沟通，花钱的观念也是，放弃沟通是感情最大的阻碍。

77　是对你还是对你的专业感兴趣？

"我看你最近气色不好，应该是太常熬夜，趁现在我还有一点时间，先帮你做一下脚底按摩。"小仁不由分说，抓起我的脚就是一阵猛按，痛得我直叫，连隔壁邻居都跑来按电铃关切，果然是专业推拿师，按完之后神清气爽。小仁还不忘泡了杯热茶给我，贴心地问还有没有其他地方不舒服。要不是我已经结婚，一定将他列入我的口袋交往名单。

小仁的好人缘众所皆知，不管是男人还是女人，大人还是小孩，大家都很喜欢他。几乎一整个星期，小仁总是有人约，即使出了门，电话也是不断，我还真的没看过像他这样受欢迎的人，连一起坐公交车超过三站的人，都会和他当上好朋友。

"别忘了，生冷的东西也要少吃，顺便给一点食补的信息好了。"唉,像他这样个性体贴又有好人缘的男人,怎么到现在还是单身呢?

"我也不知道问题在哪?我不只人缘好,异性缘也不缺啊,一堆女生抢着打电话约我见面,有的每次约会还直接约在家里,要我见见她们的父母。而且,我跟她们的爸爸妈妈也都很有话聊,我超有长辈缘的,长辈不时邀我到他们家里吃饭,连其他亲戚都会介绍给我。说实在的,这么受欢迎我也很烦恼,每天下班以后还得赶场,休假时间也很难安排。"小仁自豪的表情一点都看不出烦恼的样子,更像是炫耀自己的左右逢源。

不过,小仁的话更让我满头雾水,既然连"见父母"这最困难的门槛都能轻易进入,怎会每段恋情都没结果呢?

"爱丽斯的爸爸肩膀酸痛,约了我礼拜一;Tracy 的妈妈心脏有问题,等一下得过去;Karen 的叔叔腰受伤了,明天得去帮他看看;还有 Karen 最近老是胃胀气,也要帮她按一按……"小仁一脸得意地拿出满满的日程表给我看。

"等一下,她们约你都是因为要你帮忙推拿按摩?"我疑惑。

"当然啊,我可是专业的,约会的时候顺便按按脚,有什么关系?不过我想问你,我这样同时和很多女生关系密切,算不算劈腿啊?"

天啊,原来小仁的左右逢源是这个意思,他所谓的女朋友,都是用这种方式交往的。小仁接着还把他所谓"关系密切"的准女朋友,身体各有什么症状说给我听,要我分析一下哪个才是他的真命天女。

"你该不会连她们的亲朋好友身体有什么症状也都一清二楚吧?"我好奇。

· 151

"一定要的啊,你不是说过要追一个女生也要讨好她身边的人吗?"小仁回答。

看到小仁一脸无辜,突然想起有个网友曾写信给我,抱怨每个跟他相亲的女生一听说他是会计师,就很爱打电话问他报税的事,却从不答应跟他交往。

> 私房秘语:对"你"有兴趣和对"你的专业"有兴趣差别很大。

78 爱情可以试吃吗?

"不好意思,麻烦帮我们换一下位置好吗?"

"抱歉,我们现在没有更大的座位,要请你们稍微挤一下,有位置我再帮你们安排。"服务生答。

我不悦,八个人坐四人的桌子,怎么稍微挤一下?你挤给我看!我不敢朝服务生发飙,只能在心里偷偷想,因为根本不是他的错。我的确订了四人用餐,谁知道会暴增成八个,当着那么多人,不好骂人,我只好偷偷发微信给 Jason。

"你怎么一次带这么多人来?"我问。Jason 的女伴还没等到位置,全围着我们站旁边,自顾自地聊了起来。四个人的位置我和老公各占一位,Jason 坐在我对面,他身边的位置还空着。

"不行吗？不是说好携伴参加？"Jason 回我之后，还无辜地抬头看了我一眼。

"谁知道你的携伴是一次带五个'女朋友'？你也太扯了！"我气愤地在屏幕上写着，很想把手机戳穿。

Jason 却气定神闲地对我一笑，伸手弹了弹指，吸引聊得正热闹的女伴们注意，并开始介绍她们："她叫 Amber，她旁边那位叫小糖，再过去那位戴帽子的叫 Lara，穿蓝色外套的叫 Mia……"Jason 还没介绍完我已经晕了，分不出谁是谁，Jason 又补上一句，我更晕。

"他们不是我的女朋友，只是准女友。"

我和老公火速对看一眼，同时一愣。

Jason 的一堆女伴对我俩微笑点头，有个还热心地解释："简单说我们就是候选人啦！"

"所以你们没人敢坐那个位置啰？"我大胆地问。

女伴又是微笑点头。

我完全无法理解，忍不住问 Jason："你以前明明不是这么花心的人，为什么现在变成这样？"

"我可没玩弄她们哦，相反地，我比一般男人更认真对待感情，我认为一旦认定了就是真爱，绝不轻易变心，所以，我不随便交女朋友。我跟每个女生讲得都很清楚，只有我认定的才是正牌女朋友。"Jason 认真地解释。

"这我明白，就像我喜欢去能试吃的卖场，真的好吃才会买回家。"老公突然插嘴。

"对对对！"宛如遇到知音，Jason 对老公露出灿烂笑容，我偷偷地掐了老公一下。

"这就像试吃一样，我们以男女朋友的态度去尝试交往，这样

· 153

不是很好吗？如果合得来，我们就当男女朋友，如果不可以，大家可以挥手说再见，还是朋友。"Jason 说。

老公不顾我的心情，居然还继续搭话："可是到处试吃很快就饱了，常常到最后嘴巴擦一擦，什么都没买！反正吃够了嘛！"

我终于听出老公的嘲讽语气。的确，爱情如果抱着试吃的心态，一开始就没打算认真交往，到最后也很难有结果。或许有人希望爱情能跟试吃一样，可以不带感情、没有任何责任、没有负担地去试试看，问题是，当你抱着这种心态在交往，已经不是在谈真感情了！

> 私房秘语：坐上开往北京的车不会到达上海，如果你一开始目的地就设错了，怎么也到不了幸福的终点站！

79　冤家才是绝配？

"他们俩不是不来电吗？都没戏唱了，你们两位红娘还讨论得这么开心？"老公困惑地看着我和小辣。

"不是不来电，是完全不来电！"我和小辣互看一眼，忍不住大笑。老公更是不解。

"就是完全不来电，才是绝配嘛！"我跟小辣异口同声地说。

我的男性朋友 J 和小辣的女性友人 V，目前都单身，我们一时兴起想介绍他们俩认识，想试试看会不会擦出火花，结果……花是没有，火倒是不小，还差点冒烟。

首先，J约在某五星饭店的日本料理餐厅，V却说她对那儿有不好的回忆，请他换一间。J想，既然你想换，不如你选吧，没想到V挑了家J讨厌的餐厅，还点了J最讨厌的汉堡。

"我最讨厌在这种地方点汉堡的人，想吃汉堡去麦当劳就好了，干吗来这么贵的地方？"J毫不掩饰他的反感，抱歉错了，是他对点汉堡的反感。不过光凭点菜就把人判出局，未免太不给面子了吧？ V一脸不悦。

吃甜点的时候，V才刚说她最爱吃甜点，J马上说他讨厌甜食；J说他受不了没加奶的咖啡，V立刻补充她认为喝黑咖啡才有品位。两人宛如参加挑衅大赛，从点菜一路不和到付账，没有半样相像或雷同之处。

"我请吧，我讨厌被请客，不喜欢欠人情。"V掏出皮夹。

"我无法忍受让女人买单。况且，今天这顿很便宜。"J笑，有些过于用力地甩了甩手，企图展示自己新买的手表，他成功了！

"好俗气的钻表，谁帮你挑的？"V倒退三步。

"哪里俗气了！这块表多贵你知道吗？"J皱眉。

两人差一点就当场摆开阵仗，打了起来。只要V爱的，J都讨厌；J喜欢的，V都不爱。个性、喜好、兴趣、生活习惯能相反得这么彻底，还真不容易，就算没交往也应该结拜。

虽然说再见时，J和V都显出松了口气的表情，头也没回地转身离开，但我和小辣仍开心得不得了，说好下次要再找机会约他俩碰面。

"你们别乱点鸳鸯谱了，他们是冤家，不是绝配，勉强不得。"老公说。

· 155

"我们两个当初还不是超级不来电！你忘了？"我提醒他，一旁的小辣拼命点头，"没错，我和我男友一开始也是极不合，但我们现在超合的！"

并非冤家一定是绝配，但冤家常会碰撞出爱的火花，这不仅是偶像剧的通则，也是现实生活中常见的案例。正因为是冤家，一点都不来电，反而能放下所谓找对象的框架，自在地相处。更因为个性、喜好完全不合，能聊的话题反而更多，也更容易在对方身上找到自己不具备的优点，彼此互补，拓宽对方视野。再说，跟自己类似的人恋爱多没乐趣啊，当然要跟自己不同的人才有趣。

当你放下所谓××星座、××生肖、某某条件的人跟我才合这种观念的束缚，恭喜，你离真爱的目的地更近了。

私房秘语：给择偶设条件，也是给你的爱情设限。

80　被依赖也是爱

好姊妹芳芳一手提着菜篮，一手拎着拖把，肩上还背着一堆杂志，又开始担任她贴身保姆的角色了，自从交了这个男朋友，她最大的收获就是不必再花钱上健身房了。

"依你目前状态看来，已经不能叫作'贤惠'，应该叫作'全会'了，你简直就像变形金刚。"两手空空的我，忍不住调侃起她来了。

"没办法,最近我男朋友的新办公室刚弄好,我得去帮忙整理,他对这些事情一窍不通。"芳芳说完马上收到微信,不用说也知道,一定是她男友又临时交办事情了。

芳芳的男友不论到哪里都带着她,两人简直形影不离,连去上海出差,都自费多买一张机票,把芳芳给带去。不知道内情的人都以为他们感情好,一天也分不开,但姊妹都知道,芳芳对她男友有多重要!除了帮忙照顾生活起居,还要兼任秘书和助理工作,连她男友的亲朋好友也在芳芳的责任范围内,男友的爸妈何时要上医院复诊,哪个亲戚娶媳妇,要包多少钱,都是芳芳在打理的。虽不能说衣来伸手,饭来张口,但是芳芳将她男友照顾得无微不至是有目共睹的。

"有必要做到这样吗?你又不是他家的用人!""让一个男人依赖成这样,不见得是好事吧?""适可而止吧!他又没付你助理费,不用为他做那么多。"姊妹对于芳芳的做法多半采取不支持的态度,都什么时代了,干吗宠男人宠成这样,回头走老妈子路线。说真的,我也受不了,把一个男人呵护成这样,就算他离不开你,又如何?那是爱吗,只是需要吧?

"干吗说我,你自己还不是一样,去哪儿都喜欢带老公,没他你会开车吗?你会煮饭吗?你会做家务事吗?"芳芳出言反驳我。

"那不一样,没有他我也能生活啊!我可是独立自主的女人,不会开车可以学,不会煮饭可以叫外卖,做家事更难不倒我,我不是不会,只是缺乏练习的机会。"我愤愤不平。

"那就对啦,我男友也不是什么都不会,更不是没有我不行,只是这些事他都不擅长,如果我帮他搞定一切,他会轻松许多。不

· 157 ·

管是被他依赖或被他需要，我都乐意，因为他开心我也开心啊！"芳芳说。

被芳芳这么一说，我倒愣住了。对啊，谁说这样不是爱？爱有固定的形式或规则吗？当然没有！即便是在生活起居上被对方需要，那也是一种紧密的互动关系，也是爱的一部分。

被依赖也是一种爱，反正两人日子过得幸福就好，旁人何必去评比谁付出得多，谁依赖谁，那都不重要。

> 私房秘语：能够享受被依赖，也是一种幸福！

81　错在自己太完美

"我想我这辈子注定要单身了，真的很难找到一个配得上我的男人。"咪咪感叹。

咪咪不是世界十大首富的千金，也不是企业的总裁，只是个相貌一般般、条件一般般的女生。如果没有意外的话，二十五岁就应该被订走了，但是眼看即将迈入三十岁大关了，和她交往过的男人就像过站不停的高铁一样，快速远去。

"为什么才出去一次就判出局？"我询问咪咪为什么拒绝上回介绍给她的男生。

"他居然嫌我说话太粗鲁，那是我个性真诚，不懂得欣赏就算了，居然还敢嫌弃！"咪咪振振有词，强调自己一点都不粗鲁。

我在心里捏把冷汗，又来了！

"上次在竹科工作的那个也很夸张，嫌我花钱没节制，奇怪了，我爱花钱关他什么事？而且我不认为我没节制啊！你说，我怎么老是遇到这种不讲理的男人。"咪咪坚决地认为，这些并不能称为缺点。

"咪咪呀，我问你，是不是很多人说过你讲话粗鲁？也有不少人说过你太爱花钱？"我耐着性子，装温柔地问。

"的确不少人那么说，可是，那是他们不懂我！"咪咪迅速下结论。

没人喜欢被别人检讨和批评，但一般人或多或少还是会把别人的批评听进去，思索自己是否应该改进。但咪咪不是一般人，面对批评，她的反应很直接，不断地解释和反驳，就像网球选手一样，对于对手的攻击不断地回击，结果非常明显，咪咪击败了每一个对手，截至目前，她还是处于连胜的状况。

"那些男人老是说我态度有问题，不知改进，我哪有什么缺点可改进？他们说的那些缺点，我一点都不认为我有！"咪咪充满自信地说。

这句话乍听之下一点都没有错，自己当然最了解自己了，然而，人最容易看不清楚的就是自己的缺点。不知道该说咪咪是自我感觉过于良好，还是对批评太不敏感，但绝大多数男人在搞清楚为什么之前已经打退堂鼓了。虽然爱情很伟大，真的爱就要包容对方的缺点，但我想没有男人愿意包容一个不认为自己有缺点的女人。

这让我想到，从学生时代就独自在外生活的我，一直对自己的厨房创意相当有信心，什么都能煮来吃，偏偏老公总是不捧场。虽然我不认为那是我的缺点，但既然老公难以忍受，我索性将煮饭这重责大任交给他，承认自己没他厉害。我想，这应该就是一直以来我们过得非常幸福的原因吧。

> 私房秘语：好的另一半就像镜子，可以照出自己看不到的那一面！

82　不婚家族

Lucy 姐四十好几还没结婚，连男朋友也没有，却是我见过活得最有自信的女人。

"Lucy 姐，你为什么不结婚？"刚认识的时候，我问她。

"不结婚也很好啊！我三个姊姊都没结婚。"Lucy 姐的笑容难掩骄傲。

"哇？你有三个姊姊？这么多！"我被吓到了，很少听见一家子四姊妹都不婚的，要是我妈知道了，可能会说她们家风水有问题，不然就会问是不是父母离异，影响了她们姊妹的婚姻观？

女人上了年纪没结婚又没男友，很多人会以为她周末晚上都躲在家里看电视剧吧？然而，我和 Lucy 姐喝咖啡不过一小时，她手机不停响起，各种社交软件……找她看电影、吃饭、逛街、喝咖啡、做 SPA 的邀约不断。

"大家都喜欢找我，因为我最自由啊！像上个月 Diana 和老板吵架，心情不好，临时找我去香港购物发泄，我们两个女人连行李都没收拾，下班回家拿了护照就直奔机场。换作你就不行了吧，一定要跟老公报备，好好商量一下。"Lucy 直率地说。

难怪 Lucy 姐这么热门，她没有家庭负担，没有男友的束缚，一个人想干吗就干吗，不需要事事和另一半商量，自己开心就好。依我看，Lucy 姐不但自由而且很自在，一个人赚钱养活自己绰绰有余，还有余裕常上高级餐厅品尝美食，每年出国旅游犒赏自己，再加上她不必像同龄女人那样在家庭、事业和小孩之间团团转，没了那些费心劳神的操烦，看起来远比实际年龄年轻许多。

"就算不结婚，还是可以交男朋友啊，为什么你不谈恋爱？一定有人追你吧！"我好奇。

"人为什么一定要恋爱呢？我现在这样很好啊，过得很开心，很满足，一点都不觉得我缺少什么，不需要一个男人来添麻烦。"Lucy 姐笑得很开朗。

的确，不是每个人都需要循着其他人的脚步，过着所谓"正常"的人生，到适婚年龄就必须结婚生子。所谓"正常"不过是较为多数人选择的生活方式罢了，然而，你并不能简单被归类为多数人，你是你自己，独一无二。

人不一定要结婚，也不一定要恋爱，如果你觉得谈个稳定的恋爱然后步入礼堂，和另一半相守一辈子，你会比较开心，比较幸福，那你就去做；如果你不那么认为，又何必在乎别人的眼光？

> **私房秘语**：认清自己不适合婚姻，勇敢选择不婚是一种智慧，也是一种幸福。

83 台湾女生的温柔

每次来北京，就觉得自己特别有女人味。去剪头发，发型师听我口音，问我从哪里来的？听到是台湾，笑着说："难怪！我就猜你来自台湾！你们台湾女孩说话软软的、慢慢的，特别好听，特别温柔，很有女人味。"

我回以超大号笑容，女人味这三个字很久没跟我发生关系了。我看看自己脚下的球鞋、身上的运动服，还有抵抗北方寒冬的超厚羽绒外套，这身打扮还能让男人赞美说有女人味，哪个女人听了不开心？

其实台湾女生真的很温柔。我的香港男性友人认为台湾女孩是温柔婉约的品种，我第一次听到时笑了出来，一点都不认为自己哪里温柔婉约，回想身边的姊妹也没几个有这种气质；但几名香港友人一脸认真，解释说香港女孩多半较有个性、有主见，相对而言较为犀利，比较起来，就显得台湾女孩特别婉约。后来到了上海，听到好几个上海男性友人大赞台湾女孩温柔体贴，我好奇地追问，他们说台湾女孩性格较随和，不会得理不饶人，通常都蛮体贴人的，包容性也蛮大的，不会很排斥异己。我听得心里甜滋滋的，想到在台湾老是被男人说我太强势，根本不懂温柔，忽然很想搬到上海。

其实这是一种相对的比较，每个地域有其独特的文化背景，久而久之形成一种特殊的地域性格，不同的人有不同的特色。我羡慕北方女孩的大嗓门和大刺刺的个性,觉得特别帅气,很有个性美,率性直接而不矫揉造作,是我很想拥有的性格。然而,无论口音再怎么掩饰,即使刻意字正腔圆,发型师仍辨识得出我来自台湾。

或许我们都在台湾待久了,逐渐地相信媒体和大众所言,以为女人味就该是走光边缘的贴身短裙、一弯腰就能露出深邃的事业线,以及又长又浓的假睫毛和高得吓人的高跟鞋,那才叫魅力,才能吸引男人目光。都忘了所谓的女人味不仅仅只是外表,不由自主地跟随着名人时尚的队伍盲目地前进,放弃了自己的特色。

身为女人,我们都应该更有自信,我们的生长背景给了我们独特的养分,我们是地地道道的台湾女孩,我们很温柔,很有女人味,不用低胸短裙,光说话就能牵动北方男儿的心,千万别忘了!

> **私房秘语:** 能找到并坚持属于自己的特色,才是真正的魅力。

84 没有巴黎,八里也可以!

情人节当天,望着满桌子美食,我的心情实在 High 不起来,原本老公答应的巴黎之旅,竟然变成八里海产店吃海鲜。

想想过年的"一元复始"红包(老公总是包一块钱,虽然这两年有进步,变成一百块),总是从他手中交接的二手3C产品(老公说我是科技白痴，他先摸熟了功能再教我）……每每我的满心期待总是会落空。唉，怎么会有一个男人这么实际，也不知道制造一点惊喜呢？不过叹气是没有产值的，还不如拿起筷子多吃几口龙虾色拉比较实际。

"欧洲那边之前不是有火山喷发造成航班停飞，我感觉不是很安全，况且你又有飞行恐惧症，到欧洲要十几个钟头，还是自己开车安全点，你也放心。"老公以一贯不疾不徐的口吻冷静地分析，解释为什么说好的巴黎之行变成八里一日游。见他说得头头是道，我只能用筷子使劲戳鱼泄愤，后悔当初没直接在网站上把卡刷下去，被老公误导说跟相熟的旅行社直接电话订购比较方便。

一旦你在乎一个人，总是对他有期待，在爱情里更是如此。因为爱，你对他有比别人更多的期待，期待他记得你们的每个纪念日，期待他能每天接你下班，期待他偶尔浪漫，期待他温柔地陪你分享心事，期待他能对你朋友亲切、对你父母大方，期待他在该表达的时候证明他的爱，期待他能照你想象的剧本演出一个爱你的人，如果无法满足你的每一个愿望，至少也别差太多嘛。

人总是贪心的，当他满足你的一个期待，你便涌现了更多的渴求，而且期望值愈来愈高。或许刚和老公交往的时候，手牵手到八里一日游已经让我觉得满足，然而，相恋多年，不知不觉中对他的期待年年升高。现在别说是八里，就算到巴黎，要是没多待几天，让我购物过瘾，我还会骂他小气！说他不够爱我！

想到这我忽然觉得老公很可怜，他对我倒是没那么多期待，或者说他从未将对我的期待变成要求，给我压力，不像我总是希望他满足我的诸多愿望，并以他的达标率来评估他爱我的程度。

或许，真的爱一个人便不应该对他有太多期待，毕竟你给予他的爱是你自愿的，不是因他索求才爱的；而他愿意付出的也该是他自愿为你做的，而非应允你的要求，为了符合你的期待才付出的。

我的心情释怀多了，舀了一勺被我气得戳成泥的鱼肉，送进老公的嘴里，有些愧疚地摆出温柔笑脸。

"为了补偿你去不成巴黎，我们下个月去巴厘岛好了。"老公说。

"真的吗？太棒了！"我开心地抱住他。

> 私房秘语：不过度期待，反而有更多惊喜！

85　不陪你逛街，就是不爱你？

"想买东西就尽量买吧，刷多少钱都没关系，买完我来接你。"我在某家高档百货公司地下停车场看见一个男人，从名贵汽车探出头，对着衣着华丽的女人说完便开车离去。一般女人听到这句话，早就开心得不得了，恨不得直接开着推土机，把百货公司的东西全数铲回家，不过那个女人不但不开心，嘴上还嘟囔着说："又不陪我逛街，把我一个人扔下是什么意思！"

我完全能理解那女人的心态，其实女人要的比男人以为的还简单，不过是希望另一半在身边，陪她一起做喜欢的事，重点根本不是买了多少东西，花了多少钱。偏偏大多数男人都觉得陪女人逛街是件苦差事。

"逛街真的比部队行军辛苦多了，行军至少知道目标，但是逛街完全掌握不了明确位置，没有目的地，没有计划，不知道何时会停止，什么时候能休息！"这是我家老公对逛街的诠释。他无法接受我的"散步"是到百货公司走走，"出门走一走"的意思是去购物。但女人就是这样嘛，到处逛逛看看，在自己喜欢的衣服、饰品之间，漫无目的地四处游荡，和心爱的男人说着一些言不及义的话，偶尔让男人参与意见，选出最喜欢她穿上的衣服、戴上的饰品，这就是浪漫。这是一种感觉，一种氛围，价值远远超过无限卡、钻石卡能够提供的额度。

然而，男人的想法往往背道而驰，宁可掏出信用卡，花钱搞定，省时省事。女人却觉得这样的男人没诚意，甚至有不少女人认为不愿意陪她逛街就是不够爱她！"如果你爱我，应该愿意陪我做喜欢的事啊！"看吧，女人就是这种简单却不喜欢简单的动物，她们自己很简单，却喜欢男人麻烦点，为了她愿意做些麻烦事。如果没有男人陪，即使是无限的额度也无法让她满足。

不过将心比心，我也同意总要男人陪逛街太残忍，毕竟我也没耐心陪我家老公每个星期逛光华商场看计算机。看来爱不爱和陪不陪无法画上等号，一个男人不陪你逛街并不等于不浪漫，也不等于不爱你。女人偶尔还是要给男人放个假，自己约姊妹淘去逛街。

不过很奇怪，我家老公最近总是坚持要陪我去百货公司，在一起那么多年，他总算开窍了！

"逛了那么久，你真的不会无聊吗？"有一天我终于忍不住替他着想。

"当然不会，与其让你一个人逛街，不小心失手买太多东西，我还是陪在你身边安心点。"老公再度完美地诠释了陪老婆逛街的理由。

> **私房秘语**：既然爱他，就别强迫他做不喜欢的事。

86 没有必要装大方

夜里做噩梦，汗流浃背地醒来，老公被吵醒，问我做了什么噩梦，我不太好意思说。

"我梦见你和别人牵手……"

"牵手？这算什么噩梦？"老公疑惑地看着我。

在梦里，我大方地鼓励老公偶尔要放个假，跟别的女人出去玩。老公骂我无聊，我反而煽动他，要不要和隔壁桌那个女生牵手看看？反正牵手而已嘛，也没什么大不了。我半开玩笑半捉弄地把隔壁女生的手递给老公，令人意外的是老公没有拒绝，满脸通红。周遭的朋友觉得有趣，跟着瞎起哄。我和几个朋友在一旁聊天，老公和那个女生坐在一旁，居然牵了一晚上的手。

第二天，老公看也不看我一眼，冷冷地说他爱上别人了！我质问："是那个牵手的女生吗？"老公无言地点头。我就吓醒了！

"乱梦什么，一点逻辑都没有。"老公白我一眼，倒头继续睡。

我却睡不着，虽然只是个梦，现实里我才不会做那么无聊的事，但我的确是个喜欢装大方的情人。

我一直喜欢行事大方、有器量、有风度的人，也很想成为那样的人，因为我讨厌嫉妒和吃醋的自己，那种爱计较的嘴脸真的很丑。所以从初恋至今，我从不紧迫盯人，不会三餐打电话联络。即使对方单独和异性出去，我也不会当个狂call情人，总觉得女人该适度地给男人自由，才会可爱。偶尔让他出去放放风，算是给爱情一些空间排出废气。我以这样的自己为傲，觉得自己真是懂事又大方啊！

然而到后来，已经不知道自己是真大方还是装大方？明明很想给对方空间，当他跟异性朋友见面，很晚还没回来，我还是想知道他们去哪里了？她比我漂亮吗？两人是什么关系？很熟吗？聊些什么？不过，我会克制自己打电话的冲动，装作很耐心地等他自己回来。在他面前，也会忍住打探的欲望，因为不想变成多疑又爱计较的丑女人。

噩梦却让我警觉，或许装大方的结果是放任，而不是放风。想当个懂事体贴的情人，对方却可能误以为你不够在乎他。有些事还是不要随便装，免得弄巧成拙。不够大方又怎样？坦率地说出自己的嫉妒，展现醋意，会比憋着不说的脸更可爱吧！

"喂，千万别跟别的女生牵手哦！"我把睡着的老公拉起来，恶狠狠地警告他。老公一脸惺忪，我回他一个笑，这下我可以安心地睡了。

私房秘语：别在爱情里练演技，真诚坦率才是上策。

87　一步登天的爱情

　　好久不见的小杜热情地邀我到他家吃饭，看着充满品位的摆设，以及他精心准备的菜单，我十分期待今天的大餐，没想到已经喝了两杯咖啡，看了大半天电视，菜还没煮好。
　　"小杜啊，我们都这么熟了，随便吃吃就好，你不要费事搞得太麻烦了！"我委婉地朝厨房喊着，心里真正想说的是我快饿死了，你随便煮包泡面，我都能啃下去。
　　"别催啦！做菜急不得，一道道的手续不能省，你再多等一会儿！桌上的葡萄干顶着先。"小杜坚持地挥动锅铲。
　　吃了半包葡萄干，好不容易上了第一道菜。
　　"小杜啊，再煎个牛排就好了，其他就不用煮了。"我边狼吞虎咽边说。
　　"不行！我鱼翅都发三天了，螃蟹也退冰了，怎么能不煮？忍耐一下，再喝杯咖啡吧，等等你不会失望的。"小杜仍坚持美食需要耐心等待。
　　我叹了一口气，又冲了杯咖啡，这小杜可真怪，做菜这么有耐心，怎么谈恋爱却是个急性子？其实小杜长得不差，身价早已上亿，是我们几个未婚的朋友里条件最佳的，不只条件好，还懂生活情趣，算是会赚钱又能享受生活的男人，至今却仍是单身，连女朋友都没有。
　　"其实我的要求不高，只要女孩子个性乖巧、孝顺，长相看得顺眼就好了，怎么到现在还找不到结婚对象呢？"这话听来哀怨，其实另有隐情。

小杜并不缺女朋友候选人，对他有兴趣的女人不少，但他自觉年纪不小了，没时间谈什么风花雪月的恋爱，希望以结婚为前提交往，尽快省略掉那些暧昧来暧昧去以及爱来爱去没结果的中间步骤，说白点就是他想从认识直接跳到论及婚嫁。不只是小杜，其他几个单身汉朋友也有如此期望，他们认为谈恋爱很麻烦，却又想尽快结婚，因此积极地寻找结婚对象，却因为太急了，反而更加找不到合适的对象。

"这样想错了吗？过程本来就不重要，反正结婚以后也能谈恋爱啊，为什么要浪费时间？直接省略掉中间的过程，最好能直接结婚，这样不是有效率多了？"小杜边端出鱼翅汤，边振振有词地为自己辩护。我实在饿扁了，迫不及待地舀了一碗，却被小杜挡下。

"等等别急，你这鱼翅要加点红醋才会好吃！"小杜细心地帮我加醋。

我摇摇头，做菜和恋爱真的很像，根本无法省略中间的过程，直接跳结果。那些试探彼此心意的暧昧话语、想要讨好对方却不知从何下手的犹豫、为了让对方开心而做的傻事、因不够了解而吵的架、一起建构未来蓝图的彻夜长谈……那些爱情里看似浪费时间的行为，全都省略不得。

和老公刚开始交往时，我们两人完全不对盘，个性与生活圈天差地别，怎么看都不像以结婚为前提而交往，反倒是早就做好分手的心理建设。怪的是两人就在这种情况下，慢慢地形成共识，一步一步愈靠愈近，最后携手走向红毯。而今看来，或许我们只做对了一件事，那便是所有爱情里的过程，我们一一经历，不急着跳过，因而在不知不觉中累积了厚实的感情基础。

我以为世界上没有一步登天的爱情,更没有一蹴可得的幸福,愈是急着结婚的人,愈应该慢下脚步。

> 私房秘语:爱情不管是长跑还是短跑,它都得跑,绝对不可能一步到终点。

88　愈寂寞愈想谈恋爱

"管他条件如何,只要是男人,就有60分了,何必那么挑?"这是 Ellie 的名言。

Ellie 是个一刻也不能没谈恋爱的女人,"一点都不夸张,从幼儿园开始,就有男孩子为了要抢点心送给我,而大打出手"。很多人都羡慕 Ellie 的异性缘,看她男友换了一个又一个,比换被单还勤,但是,更多女人对 Ellie 不挑食的好胃口感到惊奇,无论高矮胖瘦哪种型号,厨师、牙医、保安等任何职业背景,Ellie 都交往过。

千万别以为她胸襟宽阔,追求平等与博爱,事实上,她根本不那么在乎男人的条件。她以为不管跟谁交往都好,至少在社交软件上不会只有宠物和美食照可以贴,姊妹聚会后不必独自坐地铁、公交车回家,难过的时候不会找不到肩膀能依靠,一年到头所有生日、情人节、圣诞节、跨年倒数等节日,也不必孤孤单单度过,身边有个人陪伴。

　　这种宁滥勿缺的爱情观听起来有点夸张？但我以为我们身边有好多 Ellie，手机里有一长串号码，到了假日，却不知道该打给谁。社交软件上有很多好友，却没有几个见过面。生活忙碌而充实，被工作和众多活动塞满，每天回家却觉得好累。夜深人静偶尔会有一种想哭的冲动，半夜睡不着只能爬起来逛陌生人的博客……这就是寂寞的滋味，因为害怕寂寞，想摆脱寂寞，于是渴望恋爱，期待另一个人进入你的生活，能为你赶走寂寞。

　　一开始，恋爱宛如特效药，让孤单的人温暖起来，两个人的世界的确热闹多了，不管看电视、吃饭，还是到便利商店买瓶饮料，都变得有趣。然而，过了不多久，药效就失灵了，两个人的世界变得复杂，你受不了他的脾气、说话的方式、工作的态度，甚至不刷牙就亲吻的习惯……任何小事都能成为争执的起火点，因为你不够爱他。从寂寞而开启的爱情，急急忙忙就想拥抱，爱得不够深，了解得不够多，所以你对他的忍受度极低，一丁点火苗就能点起漫天烟火，你们不够强大的爱情很快付之一炬。于是你又回到一个人的生活，却因为想念着当初两个人的热闹而比以往更怕寂寞，于是更渴望用新恋情来摆脱寂寞。

　　不管你最后是选择新人来暖你的冰脚丫，或是回到旧人的暖被窝，都不会有太好的结果。愈寂寞愈想谈恋爱，却会愈爱愈寂寞。因为寂寞从来不是一个爱上人的好理由，只是一个自我逃避的借口。

> 私房秘语：如果你是因为寂寞才去爱，一定会发现两个人的寂寞远比一个人难熬。

89 我不要当处女座啦!

"你这家伙,头发不是刚剪好吗?怎么又自己动手剪了?"浴室传来我家老公的哀号,铁定是被他发现水槽里躺着没清干净的发屑。奇怪了,怎么就没有设计师能剪出令我满意的头发,害我每次回家都得随意修剪一下。

"人家明明就是专业人士,而且我看也觉得剪得不错啊,你就别自己动手了,万一剪坏了怎么办?"老公边清理边抱怨,我想他是心疼剪个头那么贵,还得回来自己加工不划算,要是剪坏了还得再花钱。

其实不只是头发,很多事我都非要自己动手才觉得满意。例如到外面餐厅吃饭,明明已经擦过的桌子,我还是要再擦过一遍才能安心把手放在桌上。

"你的标准太高了,这世界上没有人达得到。"老公语重心长地说。

仔细一想好像是这样,不管工作或生活上,我都有一定的坚持。就像工作排定的行程表,老公也笑说这是让我踩刹车用的,因为我从来没有自以为写得很满意而提前交稿,要是没有截止期,恐怕我的稿子永远交不出去!

"够了,已经很好了,别再追求完美了!""好了,你明明不胖,不需要再减肥了!""这样穿已经很好看了,别再换了,赶快出门，要迟到了！"这些话老公常挂在嘴边的，你以为他在赞美我已经够完美了吗？并不是的，这是他生气时说的话。是的，我们常因此争执，因为我的要求完美给他带来压力。天啊！我明明不是处女座的，怎么那么龟毛？我是双子座，不要当处女座啦！

虽然不是故意的，但我承认往往在自我要求的时候，我也会要求另一半必须跟我一样达到"我"设定的目标，搞得我家老公觉得我嫌他不够好。

"怎么会？我明明常在朋友面前赞美你对我最好了，简直是一百分情人，我超幸运能嫁给你的。"我真的没说谎，我的确常在众人面前夸他。

"那难道不能也在我面前赞美一下吗？"老公悠悠地说。

唉，幸福是需要练习的，令人幸福的个性也需要练习。你是否跟我一样，不知不觉给你的另一半带来压力了？我想，我得开始练习睁一只眼闭一只眼的智慧。

私房秘语：时时注意在你心中的那只乌龟，别让它长出太长的毛。

90　爱不要崇拜

爱情总在同居后结束？Stella 跟 Paul 是一对人人称羡的情侣，两人以结婚为前提，搬了新家，热热闹闹办完搬家派对没多久，居然传出分手的消息。

"想维持感情热度，最佳方法就是跟你的男人保持距离。"Stella 躲到我家来，抱着抱枕缩在一角，一脸哀戚。

"到底出了什么事？他打你？"我倒了两杯热咖啡，然后在她对面坐下。

"不是！"Stella 摇头。

"他不愿分摊家务？"我再问。

Stella 又摇头。

"他上厕所不把马桶圈掀起来？""他脱下来的衣服和臭袜子乱扔？""他睡觉打呼噜太大声？""他喜欢无预警带朋友回家？"我提出各种同居可能导致分手的原因，Stella 一一摇头否认。

"那表示你们两人之间一点问题都没有啊，干吗分手？"我不耐烦了。

"你知道我为什么会爱上他吗？"Stella 突然岔开话题。

我一点都不想知道，但 Stella 已经开始滔滔不绝，说起他们第一次见面是在某个咖啡店举办的座谈会，她随口问了旁边的 Paul 第一杯咖啡是怎么来的？是谁想到要在咖啡里加牛奶的呢？没想到

· 175

Paul 侃侃而谈咖啡的起源，巨细靡遗地回答她。这种一般人不会回答，顶多只是拿来当聊天话题的小问题，Paul 认真并准确地回答了。

此后的每次约会，Paul 都会充分展现他的博学。看到餐厅墙上挂的仿画，一般人也就看看罢了，Paul 能从画家一路说到画派；听见路上传来的音乐，他也能从编曲讲到音乐史，简直是一部会走动的百科全书。除此之外，Paul 还才华横溢，钢琴、电吉他、爵士鼓，无一不精通，还会画漫画、摄影，Stella 完全无法抵挡他的魅力，只能带着崇拜的眼光望着他。

"Paul 很优秀，我们都知道啊，不用再强调你男朋友有多棒了！"我赶紧阻止 Stella 继续往下说。

"可是，住在一起之后，我发现他好像没那么好了……"Stella 低下了头。

原来是这样！我恍然大悟，Stella 的爱情建立在崇拜上，Paul 对她而言，是高高在上的男人，她爱他的聪明才气，爱他的博学多闻，但是，在两人的同居生活中，这些能力并没有太多展现的机会，当你在家煮泡面、拖地和洗衣服，需要的可不是对音乐的鉴赏力。于是在 Stella 心中，Paul 的地位从高处降到地底，完美的形象彻底幻灭。

女人都崇拜英雄，容易受能力强大的男人吸引，有些女人喜欢才子，有些女人热爱体育明星、运动健将，但男人毕竟是人，别真的把他们当成神了！

> 私房秘语：把你的男人英雄化、神格化，反而会让他有更多压力。

91　降低标准不代表随便

最近我家那节俭的老公,终于把古董车给换了,果然一坐上去安静舒适许多,正当我满意地称赞这车时,老公却干笑了两声。

"其实网络上有很多人都说这车隔音不怎么样,马力也差,评价不怎么优。"是吗?为什么我一点感觉都没有?

"我也觉得不错啊,没有大家讲得那么差!可能那些网友是把它拿来跟百万名车做比较,那它一定差多了!"老公说。

"所以该庆幸我之前坐的不是百万名车吗?"我皮笑肉不笑地问。

"没错!因为你之前坐的车太烂,所以现在这车对你来说什么都好。"老公得意地说。

这让我想起之前在团购网站买的餐厅美食券,明明有很多网友在博客上大赞那家餐厅的意大利面有多好吃,我和老公去了却失望透顶,觉得不如自己在家做得好吃。还有网购的甜点也一样,大家都点赞,我却吃不出来,怀疑这么普通的甜点怎么能成为网购排队名店,应该是花钱请网友写推荐文吧!

"那是你嘴巴太刁,意大利面和甜点都是你的心头爱,吃多了,就挑了,一般等级的你哪里看得上!"好友 Dona 这么说。

她讲得也没错,每个人的观感不同,因为标准不一样。像我和 Dora 的择偶标准就天差地远,当初我和我家老公在一起时,她举双手双脚反对,认为我应该挑个条件更好的。以她的标准来看,我家老公不够帅，不够有钱，没什么才气，家世不够显赫，简直没有一样达到她的标准。我无力反驳，因为她交往过的男友个个条件优秀，律师、医生、精算师、电视制作人……令姊妹羡慕。

然而，事实证明维持高标准的结果是她现在仍一人独处，下班要一个人坐地铁回家，没有男人接。

"难道你就不能降低一下标准？"我每次好心帮她介绍男友都被她打枪，嫌我看不起她，净找那些条件普通的男人。

"要是愿意降低标准，我早就嫁了，现在都坚持到这个年纪了，更不能降低标准，随便挑！"Dona 说。

其实降低标准不代表随便，只是拿掉所谓标准的限制，用更客观的方式去选择对象。或许你开过百万名车，所以觉得国产车逊，你交过条件很棒的情人，所以认为一般人配不上你。然而，人毕竟不是车，无法用所谓的标准规格去一一比较！

> **私房秘语**：试着开放胸襟，接纳不符合你标准的人，或许能找到沧海遗珠。

92　每个女人都有公主命

"你很好命哦，老公对你这么好，真令人羡慕。"这句话我几乎要听腻了！这么讲好像我很不知足，其实是说这话的人不知足吧？

身边很多朋友赞美我家老公是女人心目中的完美男人，不只家事做得好，听老婆的话，对老婆大方，走路绝对让老婆走内侧，帮老婆拿皮包，自己下厨，老婆在客厅看电视，吃完饭还自己洗碗，不让老婆碰那些脏碗盘……唉，好吧我承认，我家老公的确有很多优点，但是，每次别人聊到我老公，都只顾着赞美他，搞得我好像坐享其成，什么事都不用干，就只是命好、运气好，才能嫁得好，这点我绝对不承认！

女人能够在爱情里享受公主一般的待遇，绝非运气，一定要靠自己努力！没有男人天生就会洗碗，从小就知道该帮女人开门、提皮包，这些外人看到的体贴，全都是两人关起门来一次次争吵和沟通的结果。

我完全不相信谈恋爱有什么好命不好命之分，那些大叹自己的爱情路坎坷，明明爱得比别人认真却找不到真爱、得不到回报，含着泪说自己真可怜的女人都是自找的，胆敢说这话是因为我也曾自找苦吃过。

因为过于重视第一眼的感觉，交往之后才发现自己爱上了不适合男人……因为被男人狂追乐昏头，没有经过理性的思考就在一起，后来才发现两人完全不适合……不听别人劝，选择一再原谅、忍让，最后仍落得伤心分手……沉溺于两人在一起的快乐，却忽略两人价值观上的差异，天真地相信爱能改变一切，最后只能难过道别……这一切的一切，难道不是自找的？

不管你是爱上劈腿男、遇上痞子男，都是你自己的选择，没有人害你。一再重蹈覆辙，总是遇上差劲的男人，每次都被爱情伤害，绝非你命不好、运气差，而是爱情的结果忠实反映出你性格的缺点。如果你不肯正视自己的错误，不愿承认自己有问题，不想去学习改进，那么，一切不可能改变，你的爱情会是一个恶性循环，永远在抱怨自己没别人命好。

说实话，过去的我和现在的我判若两人，很多朋友都以为是我遇上了好男人，从此改变了人生，其实才不是呢，改变的是我自己。这改变并非一夕之间，而是不断自我检讨，努力修正的结果。因为我相信遇上再棒的男人也无法让你瞬间变成公主命，只有女人自己能打造自己的公主命！

> **私房秘语**：每个女人都有公主命，关键在于你愿不愿意去学习和改变。

93　爱我就不该叫我减肥！

男人都喜欢瘦子，维持体重才能维持爱情？我的好姊妹 Lucia 为了男朋友，已经瘦到三十九公斤，但她仍不满意，因为上周六约会的时候，她的男友问她："你是不是胖了？怎么裤子看起来有点绷？"

"那是剪裁的关系，你那件紧身的牛仔裤本来就比较显胖。"我安慰她，劝她多少吃一点。

Lucia 的叉子把桌上的熏鲑鱼色拉翻过来翻过去，活像卫生稽查人员。

"不行！我真的不能吃，我这星期还要再减一公斤。"爱情的力量真伟大，Lucia 终究拒绝了熏鲑鱼。

"吃鱼不会胖，你吃几口就好。"我像在劝五岁的挑食儿童吃青菜，以无比温柔的口气说。

"真的不行！我再吃今天就爆卡了！" Lucia 一把把熏鲑鱼推开。

"可是，你已经够瘦了！"我望着 Lucia 那瘦得略显凹陷的脸颊，说真的，一点都不漂亮！

"那是因为我不会和你上床，你永远见不到我衣服遮起来的肥肉，我男朋友就不一样了……" Lucia 沮丧地说。

"你又不是名模，只是谈个恋爱，有必要这么痛苦地绝食吗？

你看我，我比你胖多了，但还是有人爱啊！"我实在受不了 Lucia 了，她的减肥运动已经到了病态的地步，搞得我胃口尽失。

"那不一样！我男朋友说，因为你老公也不瘦，所以才能容忍你的体重。像我男朋友条件那么好的男人，绝不容许自己的女朋友太胖！" Lucia 说。

"什么？你的意思是说我老公条件差，所以不敢挑剔我？"我的声音忍不住大了起来。

"话不是这么说啦，不过意思有点接近，但这是我男朋友说的，不是我说的。" Lucia 自知失言，有些尴尬。

我被惹毛了，拜托，我哪里胖，我可是穿 S 号。再说我家老公……好吧，肚子是有点大，体重略多了几公斤，但又怎么样，我自己的老公我批评就好，别人插什么嘴！

"哎哟，我不是那个意思啦！" Lucia 见我脸色难看，马上出言安抚，"只是你不懂，我男朋友超级在意我的体重，一天到晚提醒我不能吃太多，要是我没有听他的话维持好身材，他又要不高兴了。"

对，我的确不懂，什么样的男人会在意女友的体重甚于健康？一天到晚嫌弃女友的身材不够好？我可以理解女人会为了讨男人欢心而拼命减肥，希望在亲爱的男人面前展现自己最美体态的心情，但爱情并非你轻一点，我就多爱你一点的减肥游戏，维系感情的方式绝不是维持体重。

> 私房秘语：男人或许都喜欢瘦的女人，但真正爱你的男人并不会因为你的腰围多了一寸，体重多了五公斤就停止爱你。

94　爱把缺点变优点

"呃，这就是你口中那位幽默风趣的 Nick 吗？"我尴尬地问。

"对，我没骗你，他真的很有趣吧！"小黛说完马上转头，满脸崇拜地看着身旁的 Nick。基于姊妹情谊，我再度勉强挤出笑容。

这两个月，小黛只要一开口，三句话不离她新交的男友 Nick，说他多有才华，个性多好，还不停强调她从没遇过这么有幽默感的男人。

"你知道吗？很多男人缺乏幽默感，但是 Nick 不同，他讲话超好笑！每次听他讲话就想笑，跟他在一起好开心哦！"小黛在不同场合，对不同好友说了好几遍同样的话。好姊妹听了都很羡慕，很想见见小黛口中这位幽默风趣的 Nick。我很幸运，被排到第一位，今晚跟小黛和 Nick 一起吃饭。

小黛刚介绍完，Nick 就问我："有一只狼不小心掉到冰水里，被捞起来以后变成了什么？"

"这是冷笑话吗？一定要回答吗？我还在看菜单耶！你们不先点菜吗？"我礼貌地提醒，毕竟饿着肚子很难思考。

"你不知道吧？告诉你，答案是槟榔（冰狼）！"Nick 说完爆出一串大笑，露出齿缝有些明显的门牙。小黛的笑声紧随其后，两人笑得又拍大腿又喘气的。

"哈哈哈，真的很好笑吧？"小黛问我，我勉强挤出一个变形

· 183

的笑，一点也不认为哪里有趣，"冰"和"槟"的发音不同，这笑话完全不通。

"还有还有，讲我最喜欢那个给她听啦！"小黛兴奋地催促Nick。

Nick突然表情一变，深情地看着小黛，"你爱我吗？"

"当然爱啊！"小黛回答。

"你怎么证明？"Nick又问。

小黛憋住笑，从口袋里掏出四个铜板，摆在桌上。

我不行了！这明明是网络流传的冷笑话，我可以直接破梗吗？但基于礼貌，我还是忍住没说话。

"四十（事实）摆在眼前！"小黛和Nick异口同声，说完同时大笑，笑得上气不接下气。我又忍下纠正他俩"四"和"事"发音不同的冲动。

这个背了一堆不怎么好笑的冷笑话的Nick，就是小黛口中难得一见风趣幽默的男人。整晚，我不停假笑和尴尬，一顿饭吃得好别扭。

果然，"四十"证明，当你爱上一个人，缺点也会变成优点，手脚不协调的女人叫作笨拙可爱，爱发脾气的男人叫作单纯率直，唠叨的女人叫作为你着想，邋遢的男人叫作不拘小节，这就是爱情的伟大之处。爱，果然充满了神奇的力量。

> **私房秘语：**爱他时，缺点变成优点；不爱他时，优点却成了缺点。

95　你心目中的王子

"以飞,你写的偶像剧里,几乎都有两个非常优秀的男主角,都是女人心目中仰慕的王子,让女性观众又爱又羡,让我们这些男性观众自愧不如!你老实交代,是不是你自己没遇到这么好的男人,所以刻意写来让人嫉妒的?灰姑娘并不是都能遇上王子啊!"微博上,一名昵称为 Ming 的男性网友问我。

"我倒是认为每个女人都能遇上王子,重点在于王子的定义,并非要高、富、帅才是王子。我相信每个男人都是潜力股,稍加训练改进都能像剧中的男主角一样优秀!"我这样回复他。

"那你心目中的王子是什么样子的呢?"Ming 又问。

这个问题我从没想过。虽然写了不少偶像剧,但我向来不是会羡慕灰姑娘的女人,从没幻想过有天会被王子的超跑撞到,或是在宴会上被王子的红酒泼到,走路跌倒被王子不小心亲到……被网友这么一问,我还真不知道该怎么回答。

"我心目中的王子,应该是看见他就想笑,在一起很开心,难过时也能互相扶持吧。"思考过后,我这样回复。

"你的定义未免太宽泛了!"Ming 笑我。

有道理,的确像敷衍的答复,但我想了又想,仍没有更好的答案,于是问了几个网友,她们心目中的王子是怎样的形象?

"孤儿!可以避开婆媳问题。"我想这不是王子本人可以控制的吧？

"爱我就够了！"这个条件比我的更宽泛！

"既然是王子，当然要有钱！还要长得像王子，高大帅气！"呃，需要屠龙班的结业证书吗？

"孝顺、诚实、正直、善良、乐观、积极、向上……（还继续打）"抱歉，我们不是在讨论总统候选人的道德标准哦。

"生活一切以我为中心，什么都听我的！"我跑到宠物版了吗？我们在谈男人不是狗……

"能让我信赖，愿意把自己交给他，因为他会为我解决所有的难题。"这是神不是人吧？

我发现大家对王子的定义差异颇大，而且互不赞同，那表示每个女人看男人的角度不同，重视的条件不同。然而，有趣的是当你需要评断一个男人的好坏，判断他值不值得投入感情，能不能托付终身时，却会把其他女人的定义全加进来，不，甚至会把男人的标准、父母的标准，隔壁邻居、不怎么熟的同事、不常联络的朋友，甚至杂志上的专家……你能想到的所有标准都加进来。

"我妈说他做的是夕阳产业，没前途！""我阿姨说他太矮了，以后生出来的小孩像他怎么办？""我主管说男人最重要的就是要对女人大方！可是他好小气！""我同事的老公会做菜，还包办所有家事，我男朋友连洗个碗都不肯，怎么嫁？"很有趣吧，这世界充满了矛盾，我们常常忘了自己心目中对王子的定义，这些早已迷失在别人的标准里。

> 私房秘语：每个女人都有专属于自己的王子，别把别人的王子当成你的了！

96　把他的缺点想一遍

曾经有个朋友对我说："如果你找到一个人，能忍受你所有缺点，碰巧你也能忍受他所有缺点，那你们就可以准备结婚了，而且保证不容易离婚。"当时的我正和一个非常优秀的男人 S 交往，不了解朋友话中的深意。我认为爱就是要彼此赏识对方的优点，我欣赏 S 的才华，崇拜他的睿智，喜欢他的体贴，沉醉于他的浪漫，在我眼中，他有好多好多优点，因为爱，这些优点不断放大，我们在一起好开心，我觉得好幸福……好啦，我说谎，至少大部分的时间很幸福，仅有一点点小争执，因为他不喜欢接电话，也不喜欢打电话，偶尔会失联。

"你到底去哪里了？跟谁出去的？为什么不敢接电话？"我发怒。

"别想太多，我只是忘了带手机。"S 淡淡地说。

"你怎么一整天都没接电话，又没带手机吗？你不是保证过以后会记得带？"我又发怒。

"哦，我可能调震动，没听到。"S 依然淡定。

"一整天都没检查手机？你把手机当装饰品吗？那你带手机干吗？"我更加生气。

或许小题大做了，但我真的无法忍受找不到男朋友。在我的词典里，男朋友的定义之一就是要随时随地让我找得到人，这不过分吧？不过说实话，除了这个小小的缺点，他很完美。

我也有个令他难以忍受的小缺点,我拥有许多男性朋友,我喜欢和他们往来,一起去吃饭、唱 KTV、看电影,在他眼中这叫作喜欢搞暧昧。即便我们是一大群男女一起出去玩,他也觉得我动机不单纯,可是我明明有邀他一起去,是他自己拒绝的啊!为了这一点,我们也发生过多次争执。

除了以上的小缺点,我们相处得非常好,我告诉自己应该要多看他的优点,不要放大他的缺点,然而,就算他的优点多到数不完,到最后我依然无法忍受。分手时很难过,但也有种松了一口气的感觉。

后来我才发现,爱情一开始都是被彼此的优点吸引,但爱情能走多远,要看你们是否能互相包容对方的缺点。如果你遇到一个人,虽然没有很多吸引你的优点,但也没有你难以忍受的缺点,那么,请再给他(她)一些时间,相信你能找出他(她)更多优点。如果你爱上一个人,请把他(她)的缺点从头到尾想一遍,要是每一个你都能忍受,那么,恭喜你找到了适合你的另一半!

> 私房秘语:永恒的爱是互相包容、接纳彼此最好与最差的一面。

97　相爱的语言

"可以不要再说了吗？"我的眼泪突然就掉了，本来没打算哭的，没想到眼泪可以说掉就掉，我的演技真好。

"你干吗？"我家老公递来两张面纸，一脸茫然，完全不知道自己正在案发现场，"刚刚不是在讨论明天中午要吃什么吗？有什么好哭的？"

好吧，男人就是男人，我怀疑他们的感觉能力是片段的、当下的，无法累积和连贯，以至于常常不知道自己做错了什么，把问题怪在女人过于情绪化。

"因为你一整天都在说我的坏话。"没什么耐性的我干脆直接讲答案，不然可能要哭很久，我怕我的眼泪不够多。

"我哪有？"老公反驳。

我错了，男人不只是感觉能力无法连贯，理解能力也是。

"明明就有，你从今天一早就开始念我，一下说我这个没弄好，一下说我那个做不好，现在又说我煮饭很难吃，你自己都没发现吗？"讲着讲着，我忍不住又掉了一串眼泪，发现自己还真的难过了起来，"难道我在你眼中就这么差劲？"

因为一起工作的关系，我和我家老公有一整天的时间相处。我们不仅是在同一个空间内工作，还做同一件工作，一起写同一部戏的剧本。为了要让两人脑海中的男女主角个性一致，剧情上下连贯，我们必须频繁地协调沟通。扣掉睡觉说梦话的几个小时，一天下来累积的通话量相当惊人。老实说，讲这么多话还要不去批评对方，真的很难。有时他嫌我想的桥段老梗，有时我嫌他的台词写得不够漂亮，他常说我除了工作之外没脑袋，光收个碗都做不好，"怎么把油腻的盘子和干净的盘子叠在一起，这样很难洗耶！"

"哪里有干净的盘子，吃过了不都是油腻的？"早知道我就不帮忙了！

唉，一整天下来，再怎么相爱，要避开抱怨、攻击、批评等负面评论的话语真的很难。但是，难归难，也不是做不到啊！只要稍微用点心，开口前多注意一下，还是能避免嘛！我才不想让爱情跟鞋跟一样，在日常相处中慢慢磨损。

有些男人认为女人爱听甜言蜜语，时常索求男人说情话，强调有多爱她，我却认为女人需要的不是甜言蜜语，是相爱的语言。因为你爱她，说出口的每句话就不该让她不开心，不该让她失去自信，不该伤害她。你说的一字一句都在她心里累积，都是你爱或不爱她的证明。

"好啦好啦，算我错了，是我没注意。"老公坦率地说，又递来两张面纸。低头大丈夫，他果然聪明。我擤擤鼻子，哭一哭也好，比较好睡，今天应该不会失眠了。

> 私房秘语：感情每日递增或递减，关键就在每天说出口的话。

98 还没分手吗?

身边的情侣朋友有两种,一种是每次遇见你总会问:"还没打算结婚吗?"另一种,则是每次见你都在心里偷偷想:"他们怎么还没分手?"

Sheila 和男友 James 在一起有多久,她就活在地狱里多久了!这话可不是我们说的,是她自己。

"跟他在一起,让我明白地狱里的生活长什么样子!""我真的好痛苦,好想分手!""这一次我真的提出分手了,但是他不答应!""他跟我道歉了,希望我能再给他一次机会。""我觉得我们不会有未来,但是他承诺一定会更努力。""是不是我的态度太软弱,这一次无论如何,我一定会坚决地提出分手!"Sheila 的问题始终在这些对话里打转,仿佛无尽的循环。James 一年换十个工作,已经三十好几了还赖在父母家,没有固定的工作,也不确定自己的未来该怎么走;控制不了自己的情绪,每次沟通都要惊天动地,不是上演自残戏码,就是大庭广众下爆粗口。这样一个性格明显不成熟又不愿意成长的男人,Sheila 竟然跟他交往了好几年。

周遭的友人无人看好他们的恋情,每次聚会,总会有人窃窃私语,问他们为什么还不分手?Sheila 有次曾含着眼泪对我说:"为什么我的姊妹、朋友和家人,没有人愿意给我们祝福?我谈恋爱干他们何事,为什么大家都要唱衰我们?"

我向来以为恋爱是自己在谈，不是别人，身边的人怎么说、怎么想，都只是他们个人的意见，不是你的。别过度听信别人，动摇了自己的选择。然而，我必须补充，如果你身边的人一边倒，全都对你的选择有意见，甚至鼓励你分手，恐怕是你冷静下来倾听的时候了！你必须去寻找其中的原因，是你爱抱怨，散发太多负面信息，导致朋友们都认为你过得不快乐？还是你的对象真的不是个好人选，旁观者清，唯有你被爱蒙蔽？

别怪你身边的人爱出主意，他们是关心你，才会多事地给你意见，希望你过得更好。你有选择参考与否的权利，但也别抹杀了他们爱你的权利。

> 私房秘语：别被他人的意见左右，但也别盲目地忽略他人的关心。

99 女人不该太完美！

"太厉害，这跟外面卖的一模一样！"我家老公的女性网友闲来无事烤了些饼干，寄来一大包送给他。从打开的那一刻，惊喜连连，精美的包装让我们差点以为是谁寄来的喜饼，饼干不但美味又漂亮，更厉害的是还有一整排凤梨酥。我们不断争论这是她做的还是买的？老公认为绝对是买的，包装像店头贩卖的，自家做的怎么可能这么好吃？

　　结果我猜对了，真的是她自己亲手做的。老公边吃边赞叹，点着微博上的照片要我过去观摩，几乎每看一张就赞美一次："你看！她真的好厉害！一双巧手，还会做面包、甜点！太棒了！"

　　女人天生的雷达接收到了男人那隐含的深意，我完全理解老公的感叹，当你娶了一个厨艺不佳的老婆，别说凤梨酥，连番茄炒蛋都离你很远。我家老公不止一次开玩笑地发牢骚，当他在厨房里忙碌，我只会躺在客厅的沙发上看电视。

　　虽然不承认我连番茄炒蛋都做不好（因为没做过），但我觉得人生还是需要一点遗憾，尤其在两人的互动关系中。现在的女人愈来愈能干，不只在工作上表现杰出，应酬、喝酒、飙车也不输给男人，加上女人天生对生活质量的追求，做菜、品酒、办宴会样样通，更别提已婚族还得照顾小孩、管理财务、打理家庭琐事。Gaby 是个中翘楚，除了在老公的家族企业担任要职，每天早上必须先载小孩上课、载婆婆去复健，然后再去上班，下了班接小孩、接婆婆、煮晚饭、做家事、帮小孩温习功课、照顾行动不便的婆婆……简直跟女超人一样。身为长媳还得安排整个家族的大小事，还要定期到教会帮忙，连朋友结婚也得负责打理，因为她一向能干利落，办事有条理，大家都信赖她。当然，她的老公更是少不了她，到哪里都夸她是个贤内助。Gaby 不因忙碌而忽略身为女人的天职，每天打扮得光鲜亮丽，妆容精致完美。然而，我印象最深的却是她用再厚的遮瑕膏也遮不住的黑眼圈。

　　我并非反对女人追求自身的完美，但追求完美的结果并非完美的爱情或婚姻，当你不断鞭策自己变得更完美，不等于你会更幸福。很多女人都误会了，把感情路上的挫折归因于自己不够完美，以为自己不够好，所以男人才会跑。其实，有这种心态的女人反而容易给另一半带来压力，事实也证明男人的小三往往不如正宫优秀。

我以为男人想要的不是女超人，而是个活生生的女人，不必拥有名模的三围，为了多一公斤而气馁；不需拥有超高情商，碰到什么事都能坦然处之，而是沮丧时需要他的鼓励，和他一样会犯错，有很多缺点，在人生的路上需要他的帮助才能活得更好，这样，才能证明男人的价值。

> 私房秘语：爱就是互相需要，请不要完美过头，忘了给他被需要的机会。

100 最残酷的敌人

在众人面前随和亲切的女人，却在恋人面前大变身，成为尖酸刻薄的女人，这不是魔法，是爱情赋予的攻击力。

Sasa 的好人缘可以从她社交软件的动态中明显看出，好友人数两千多名，随手晒一则"今天好无聊"就有上百人留言，午餐吃的平凡便当照也能有上百人点赞。朋友都觉得她脾气好，个性随和好相处，对人体贴又喜欢照顾大家，不管去唱 KTV 还是聚餐、逛街、看电影，Sasa 永远是大家想约的第一人选。然而，自从看到 Sasa 和她的男友吵架,大家都对她改观了!

　　状况明明很单纯,大伙儿唱完歌一起去吃热炒,有人点了最近大热的水果啤酒,Sasa 倒了一小杯想尝尝味道,却被男友拦下。Sasa 不是不能喝的人,平时男友不在场,她也会跟我们喝上几杯,今天男友在,Sasa 已经给足面子,只倒了一小杯,却还是惹来男友一张臭脸。

　　"你是女生,不要养成在大家面前喝酒的习惯,让别人以为你很会喝,这样不好!要是哪次你落单,喝醉……后悔都来不及!"见 Sasa 从他手中抢回那一小杯水果啤酒,她的男友按捺不住,把她拉到一旁的柱子后方,板着脸说她。

　　"这酒精浓度才多少?我没你那么逊!自己不会喝就不准我喝!"Sasa 不满的声量大了起来。

　　"这跟我会不会喝没关系,我是关心你!"Sasa 的男友也跟着大声。

　　大伙早已不在位置上,个个挤在柱子后面看热闹。

　　"既然关心我就不该和别的女人一起去看电影!"Sasa 和男友吵了起来。

　　"你还不是一样,跟外国网友在社交软件聊整晚!哼,别以为我不知道你迷恋外国男人!崇洋!媚外!"Sasa 的男友反击。

　　只见 Sasa 双手抱胸,冷冷地瞄了一眼男友,冷哼了一声:"你不要动不动就拿外国男人做文章,暴露自己的自卑心态。别人不知道,但是我清楚得很,就算不跟台湾男人比,你都差人家一——大——截!"说着还刻意用手指比了比,嘲讽地轻笑。

　　看到这里,有人忍不住笑了,发现有人关注,Sasa 的男友困窘地涨红脸。

我悄悄地掉头回到座位。刚才那一瞬间，Sasa那张亲切的笑脸变得好残酷，一点都不像我认识的她。我忽然有种似曾相识的感觉，或许，在和我家男人吵架的时候，我也大变身了，变成一个连自己都不认识的人。

因为爱，你在他（她）心里享有特殊地位，和别人不同。他（她）在你面前展示最脆弱的内在、最丑陋的姿态、最难以启齿的隐私、最不为人知的过去……你也因此拥有了击毁他（她）的力量，这是爱情赋予你的攻击力。爱得愈深，你的攻击力愈强大，但是别忘了，有些能力不要随便开启，一旦解除封印，恐怕连你都无法控制。

> **私房秘语**：往往在最爱的人面前，我们坦诚无讳，却使彼此成为最残酷的敌人。

101　劈腿的前兆

"为什么我最后一个才知道？"小甄的男友劈腿了，她气不过的不是男友不忠实，而是全世界都知道，她却被蒙在鼓里。

小甄的男友脚踏两条船已经长达一年半，最近半年还明目张胆地带着新女友出席朋友聚会，骗小甄说那是他同事。身边几个朋友觉得不对劲，私下提醒小甄要注意，小甄还把他们臭骂了一顿，觉得大家看不惯别人好，造谣生事。就这样，小甄没有丝毫怀疑，以为自己很幸福，计划着何时存够钱准备结婚。

"为什么我没发现？难道我真是个笨蛋？"小甄懊悔不已。

其实小甄一点都不笨，她的问题在于太过信赖了！过于信赖对方和自己，过度信赖真爱永恒。

"他绝对不会劈腿！"不少人对另一半有这种绝对的把握，原因很多，大多数都认为既然在一起就要100％信赖，"一边爱着对方，又一边怀疑他，不是很累吗？""所以我采取绝对信任，爱就相信到底！"

另一派则认为她的男人条件不佳或个性有障碍，不容易成为小三的目标！"他的个性那么闭塞，宅男怎么会出轨？不可能啦！""他的钱都归我管，没钱的男人怎么把妹？男人有钱才会作怪，他没本钱啦！"

并非想鼓吹是人都会劈腿，但我的确以为人都会变，世事无常，对任何事都不要过度自信。

没有人敢保证自己一辈子都不会出轨。看到更好的对象，谁都可能心动；遇到跟自己更契合的人，谁都可能有相逢恨晚的感叹；碰到一时感觉太美好，谁都可能冲动。但绝大多数的人有羞耻心，有责任感，重视承诺，不希望做出伤害另一半的行为，所以忍下了劈腿的念头。然而，人并非机器，听从理智运转，有时候明明知道不该做，偏偏做了，做了之后才后悔。以上不是要为劈腿找借口，而是想提醒你，人都有出错的时候。

请不要对自己的魅力太有信心，认为他不可能找到比你更好的。也请不要对另一半过于信赖，导致出现了劈腿的前兆，你还不当一回事；或是当他的心开始动摇，你没有表明立场，实时提醒他劈腿的代价，要他做出选择，反而不自觉地将他往外推。更不要对你们之间的爱情过度自信,认为没有人扳得倒。

我以为爱情是日日在改变的,每天都在累积或减少,绝不可能一成不变。就像车子一样,你该不会认为买了新车之后不必保养,车子就能日复一日正常运转吧?爱情也是一样,提高警觉是一种态度,常常保养是一种习惯,才能确保安全无忧。过度信赖有时也是一种劈腿的前兆。

> 私房秘语:信任是必需的,过度自信则是危险的。

102　等待不值得点赞

写两性专栏多年,我最怕遇到读者一种问题:"亲爱的以飞,请问我该怎么忘了他/她?"

世界上有两种人:一种善于遗忘,习惯往前看;一种善于记忆,总是活在回忆里。不知道怎么回事,大家总是赞美耐心等待的人,认为他们对爱情特别忠贞,特别执着,甚至认为他们特别值得同情。或许,大家都认为等待是一种美德。

"自从他离开我以后,我再也不恋爱了,两年了,我每天都在祈祷,希望他能不幸福。"27岁的 Nita 因为曾经被背叛,封闭自己,似乎以为自己的不幸能影响前男友的幸福。

"这世界上再也找不到一个像她这么爱我的女人。"35岁的

Larry自从五年前老婆车祸走了之后，内心的时钟也停止走动。不管是屋子还是心，都停留在老婆离开的那一天。

"他没有强迫我，是我自己愿意的。不管等到几岁，有没有结果，我都想继续等下去。"30岁的Linda爱上有妇之夫，希望能等到他离开妻子的那一天。

"只要继续等下去，我相信他一定会回到我身边，只要不放弃，就有希望，不是吗？"21岁的Queenie全心全意等着移情别恋的男友回头，虽然身边有不少追求者，但她只想要挽回前男友，他们从高一就是班对了。

每个人都有自以为充分的等待理由，认为一时的忍耐是幸福的前奏，即使孤单，即使难过，只要继续等下去，总有一天开花结果，那个结果未必是长相厮守，有时只是想看见对方后悔。就像久旱后的甘霖，经过漫长的等待，届时的快乐一定更为巨大美妙。

听起来……真的很像偶像剧的老梗，是一种自以为是的浪漫，更是一种自残的行为。这么说很没同情心，但我不想对热爱折磨自己的人点赞。当过去已经过去，爱你的人已经拍拍屁股走远，你却苦苦紧抱回忆不放，明知无法挽回还自欺欺人，美化自己的懦弱、不甘、虚荣、自我放弃，说这叫作为爱等待。我无法对这样不爱自己的人好言好语。

等待是一种选择，但绝非一种美德。搞清楚你在等的是什么？是真爱还是不甘心？值不值得你等？该等多久？这样的等待有没有意义？而不是随便拿根绳子，自己绑住自己，还以为正在书写史上最浪漫的爱情。

私房秘语：回忆绝不会困住人，是人自己困住自己。

103 没有女人不拜金?

刚上档的偶像剧我写了一个宁愿把谈恋爱的时间拿去工作赚钱的女主角,她认为"爱情是一种浪费!不谈恋爱就是赚钱!""钱能愈存愈多,爱只会愈花愈少。"有媒体问我,为什么现在的戏都爱写拜金女?男性网友则响应,现在有女人不拜金的吗?

我以为现在男女之间最大的沟通障碍便是男人误以为女人都爱钱,只在乎男人的物质条件。更有些男人误以为只要有钱,就能追到任何女人!

把物质放在爱情前面的女人的确是编剧喜欢描述的类型,其实这是社会背景变化的关系,例如,一个世纪以前的题材不会有"网恋",而现在则没有"笔友"。于是你看到不管是身边甚或整个世界,讲拜金女和物质女孩的爱情故事繁多,让你有种错觉,认为女人都拜金。不可否认,戏剧是时代的缩影,人们的爱情是起了变化,女人追求的排序不同了(事实上男人也不同了)。这并非指女人眼里只有钱,更不是说女人为追求金钱,全都愿意牺牲爱情。许多人过度夸大了"拜金"这部分,却没多少人去思考,这反而是一种对爱情更踏实的看法。

经济条件本来就是女人在选择男人的其中一项考虑,通常随着女人年龄的增加,重要性逐渐加强。女人想要找个经济条件好的男人,错了吗?难道要一个女人不在乎男人有多少存款,有没有稳定的工作，才叫真爱？有些男人反应过激了，把女人在意男人的金钱条件等同于女人都贪心爱钱，想嫁富二代！更有些男人因此愤世嫉俗，无限延伸成世间无真爱，女人都爱钱！

事实上性格成熟的男人，不会过度反应，他们对自己的前途自有想法。不管是为理想、梦想还是每个月的账单，他们本来就在努力前进。有人认同他的努力（觉得他够有钱），他很开心，就算不被认同（觉得他还不够有钱），他也不会放弃努力。只有对自己没自信的男人，才会过度解读，认为女人只看你的口袋，不管你的脑袋。

聪明的女人也绝非只看得见男人的口袋，她们会整体观察男人的 EQ、性格、家庭背景、未来潜力、挫折容忍度等，还会考虑双方的价值观、相处的契合度、沟通的和谐度……金钱条件所占的分数比例随时调整中。

别再误以为所有女人都拜金了，其实女人嘴上说爱钱，常是一种借口，因为她们渴求又害怕爱，认为花尽时间、心血投入还不一定能回收，不如把重点放在钱上。钱给了她们安全感，而男人呢？就不一定了。

> **私房秘语**：不是女人都拜金！不是男人都会出轨！

104　爱上窝囊男

最近和广播节目联机，主持人跟我讲了这样一个案例，某女爱上了一个窝囊男，每年赚不了多少钱，某女觉得爱才是最重要的，因此不顾一切嫁给了窝囊男。结婚两年，窝囊男的状况没有改善，不知是时运不济还是好高骛远，工作换了又换，依然没有稳定收入。某女后悔了，她发现爱虽然重要，但不是一切，账单在生活里的重要性远远高于爱情。"她怎么办？该鼓起勇气离开这个没本事赚钱的男人吗？"主持人最后这样问我。

这问题相当写实，女人爱上了一个男人，这男人什么都好，但就是不太会赚钱，该抛下他，另寻对象吗？即便我从来不赞成爱情的分合与对方的银行存款多寡有关，仍然觉得这是一个难题，我明白生活的压力，我也有账单要付。

或许大部分人都以为爱不该无尽地牺牲，先顾好自己的温饱才有余裕谈情说爱，否则贫贱夫妻百事哀。女人应该丢下阻碍你成长的男人，抛下你背上沉重的负担，才能展开新生活，迎向光明与希望。

然而，我想为窝囊的男人说点话。虽然我不是男人，但我也窝囊过，完全明白没有人会立志窝囊。当时的我，出了几本不算畅销的书，毅然决然辞掉令人羡慕的工作，告别稳定的薪水，怀抱着天真的理想，想专职创作。很多人羡慕我有勇气，更多人认为我疯了。

从到哪儿都坐出租车（可以报销），出入高级餐厅（吃应酬饭），变成搭公交车、地铁，吃饭会先算口袋里有多少钱。我从一个亮丽的都会时尚女性变成小气的穷酸作家，当时的我，或许闻不到自己全身的穷酸味，但可以从每个月的收入看到什么叫作怀才不遇。

陪伴在我身边的人，却从未走远。不管我负了多少卡债，不管我搬进多小的公寓，他依然陪在我身边。因为有他的支持，我就算再穷，也充满斗志，从未停止放弃，坚守着自己天真的理想。几年过后，现在的我虽然赚得没有郭台铭多，没有林益世有权，但靠着写作，我生活无虞，比一般上班族宽裕许多。进餐厅的第一件事不再是看价目表，买东西不必担心卡会刷爆。

当然，陪在我身边的那个人，依然牵着我的手，我们一起享受着事业小有成绩的宽裕生活。你要说这是他投资目光准确吗？还是要说真爱无敌，爱能改变一切？说真的，我不知道。我只知道，当你真的爱一个人，不会因为他赚不了太多钱而看扁他，当你真的爱一个人，不会以他的收入衡量他的价值，更不会因为他的存款日渐下降，而兴起离开他的念头。更重要的是，当你真的爱一个人，你会想证明他的牺牲不会白费，你会更加努力以回报他无条件的支持。

现在的人或许都太聪明，懂得算计投资回报率。但爱情不是一季一季的营收计算，而是一辈子长远的路。或许你的他现在是个窝囊的男人，但请相信我，此刻的他更需要你的鼓励，谁知道他不会变成下一个郭台铭？人都有顺境逆境，有高低起伏，你总不希望你的他，在你年迈走不动的时候，抛下你，寻找更好的对象吧？

> 私房秘语：短浅的目光，绝对是爱情的致命伤。

105　令人厌烦的女人

"这个真的很好笑,你一定要听!那个李光头呀,偷看了他们镇上公认最漂亮的女生的屁股……"我的睡意瞬间飘走,这是什么情节?偷看屁股?

我家老公半躺在床上,正兴高采烈地描述他在看的书《兄弟》中的故事情节,看着他边讲边笑,还从床上爬起来演,我笑了!好吧,我承认,笑的原因有一半是因为作家把偷看屁股的情节编得很有趣,但另一半是因为老公栩栩如生的演技。

这本书我还没看,但我已经知道大部分的情节了。我家老公每天会看一点,他看多少,我也跟着知道了多少。每天,他会在不同时刻,如上完厕所后、吃饱饭后、睡前,演个几小段。

不只他爱演,我也不甘示弱。每次他在书房打游戏,憋不了多久,我就会冲到他面前。

"我可以打断你吗?"我很有礼貌,总会先问。

"好吧,你说。"他总是耐心地中止游戏,偶尔会嘟囔:"要是不让你说,你八成会睡不着。"

"刚刚那一段真的很好笑,我讲给你听……"我会把刚才独自观赏的电视剧、电影情节,如实地演一遍给他看。遇到复杂的剧情,我还坚持要画表格让他先了解人物关系,以确定他会在该笑的地方笑。

或许，所谓的婚姻生活就是这么回事吧，一起分享各自看的书，分享一天的生活心得。当你还能觉得对方讲的话有趣，还会想按下暂停键，暂停你手边正忙着的事，听他（她）说，那么，你们大概算感情好的，可以这样一直走下去。

当我把这段心得晒上社交软件，网友发私信给我："以飞，我好羡慕你，你老公都愿意听你说话，我的另一半，总是不听我说，要不然就是装出一副有在听，其实根本没听进去的样子。到底怎样才能让男人愿意听你讲话呢？跪求！"

好问题，说真的，我没想过。为了不辜负网友，我认真地问了好几个男人，包括我家老公，得到一个结论——"因为女生讲话都很无聊啊！"

"一开始会认真听，但是到后来就发现，她们一直重复讲同样的事，不是讲身材，就是说衣服、逛街，还是韩剧、韩星……就很老梗，受不了！""不是我不听，是她很爱讲我完全没兴趣的事，我没办法参与，插不上话。""怪我咧？我跟她讲车子、篮球，她也不懂呀，还很凶地叫我不要讲了！"我赶紧关掉窗口，惊讶地发现男人讲到这话题，抱怨还真不少。

现在你懂了吧？男人不是不愿意听女人讲话，首先你要找到让他可以参与的话题，并且注意每天要有新剧情。

"我讲话会很无聊，让你觉得厌烦吗？"当天晚上，我忍不住问我家老公。

"还好吧！"老公的脸埋在书中。

"我是说真的啦，我是不是应该要每天变换新话……"

"哈哈哈！真的好好笑，不行不行，我一定要讲给你听！"我还没讲完，就被他打断，当然，李光头又有惊人之举了！

虽然这种结论有点怪，但我还是必须以亲身经验衷心地建议，如果你担心成为令男人厌烦的女人，或许，该买几本新书，或是多看几部电影，更新一下你的数据库，这样才会有话题和另一半好好聊一聊。

> 私房秘语：让男人感兴趣的不只是身材，再次提醒！

106　幸福的人是少数

"我要的真的不多，不过是想找到一个爱我的男人，彼此契合，可以良好地沟通，两个人能互相扶持。他不需要有多好的条件，也不必把我捧在手心当公主，我很实际，只想要两个人踏踏实实地过日子，过着平凡普通的生活。像你和你老公一样，像其他人一样，这样的要求很过分吗？"

一年一度的同学会，Anita 孤身前来，与往年一样。看着周遭同学一个个脱离单身生活，加入人妻行列，进度快的已经开始养儿育女，携家带眷来参加聚会，Anita 更显得形单影只。她不禁感叹自己运气不佳，要的不多，或者说随着年纪的增长，要求一再调降，还是没能找到合适的伴侣。

我可以理解她的心情，在这种家庭聚会的氛围下，身旁同学的小孩不是抱在怀里尖叫,就是在餐厅跑来跑去尖叫,自己却离红毯还有一大段距离,难免有进度落后别人一大截的恐慌。那些刺耳的尖叫声听在她耳里,宛如天籁,简直是幸福的奏鸣曲。

只不过在我看来,她要的一点也不简单!所谓平凡普通的日子并不平凡,也不普通!不知道是错觉还是有心人刻意造谣,一般人以为幸福是一种常态,人总能在这世界上找到契合的另一半,就像每个锅子都会配上一个锅盖,关键在于你够不够努力?够不够相信真爱?只要锲而不舍,守得云开见月明,一定能找到相配的锅盖,到时幸福就会到来!

这种观念真是要不得!所谓幸福的伴侣其实是少数,多数人在情爱里浮浮沉沉,与另一半吵吵闹闹,直到白头都还无法确定身边的人是对的那个锅盖,怀疑自己一辈子都没有找到真爱。

所谓简单平凡的日子,不是一种选择,而是一个过程,需要无数次的协调与沟通,两个人碰碰撞撞,棱角互相摩擦、伤害,慢慢地形成彼此兼容的形状。

请别再说你要的不多,幸福其实是少数,需要不断努力经营、费心维持才能拥有。那些手牵着手,看似恩爱的伴侣,在你没看到的时候,也会像孩子一样吵闹,互相大声尖叫。这才是人生的常态。

我不敢说我是幸福的,但我持续奋战,渴望有一天,当头发白了,会发现自己已站在幸福的终点站。

> **私房秘语**:别对爱情有过度天真的想象,爱情其实是生活的一部分。

107　最贵的男人

　　品酒会一开始，胜负立见，最贵的那两支红酒、白酒前已经排起小队伍，其他几支便宜的酒乏人问津。我也不例外，挤不开前面的大个子，只好用钻的，说什么也要喝到最贵的那支酒。

　　说实话，一分钱一分货，贵的酒真的有其实力，骗不了人，浑厚有力，层次丰富，一喝下宛如跨年烟火在舌尖轮流绽放，每一簇烟火的形状不同，姿态各异，你只能瞪大眼睛迎接每一次灿烂。惊艳！真的只有这两个字能形容，尤其那瓶三千多块的白酒，硬生生就把七百多块的白酒给比下去。连我也忍不住想把最贵的白酒带回家，开始数着钱包里有多少钞票。

　　这世界太现实了，酒和男人一样，条件好不好，真的骗不了人！即便包装得再精美，伪装得再仔细，只要一开瓶，喝上几口，胜负立见。如果不能通通带回家，只能选一个，我们都想要最好的，只可惜，花钱能买到最贵的酒，却买不到最好的男人。

　　其实品酒会现场大多数的人都不懂酒，即使说上一口好酒经的人，仔细聆听，你也会发现他一知半解，把网络上看来的、酒馆里听来的专有名词全说出口了。大家认为最佳的选择，往往依循着专业品酒人士的推荐，要不就是专业杂志的评比，或是周遭具有多年品酒经验前辈的意见。这状况很有趣，跟挑对象一模一样，我们很少会遵循自己的标准，多半是依赖他人眼光，别人说好的，我们就以为是好的。即便自以为拥有一套自我标准的人，事实上也深受社会眼光影响，考虑的因素不外乎经济能力佳、学历优秀、善良孝顺……要不就是受到爱情电影的影响，要温柔体贴、浪漫专情、才华横溢、风趣幽默……

很少人能体认到最好的男人未必适合你，就像最贵的酒你未必喝得惯。当你撕去那些酒标，蒙上眼睛去试喝，你最喜爱的口味往往不是最贵的那支酒。

当然，好酒有好酒的价值，好男人有好男人的优点，但千万别为了酒标去买酒，也别以男人的外在条件去判定他适不适合你。

> 私房秘语：爱情跟酒一样，需要多试喝、多品尝、多比较，才能找出你真正喜爱的味道。

108 暧昧的种子

食物不但可以抚慰人心，高级又好吃的食物更是维系婚姻生活的灵丹妙药。在我不断的软硬兼施之下，我家老公终于愿意带我去一家高级牛排餐厅吃饭，当然，为了要把这些爱的证据留下，在脸书上面打卡是必要的，还得将今天的食物以及我们的合照上传，让广大网友当我们爱的见证。没想到，竟然在餐厅里遇上老同学

James，跟老婆亲密的你一口我一口地晒恩爱。这时候不赶紧把我家老公给拖过去打招呼，炫耀一下我们过得也很幸福，实在枉为好妻子的代表了。

"Hi！ Jame……s……"就在我挽着我家老公的手，站在James面前的时候，时间之神突然打起瞌睡，我们四人的表情和动作全都冻结。那一瞬间，James用叉子把一块沾着法式芥末酱的菲力牛肉，送进一位不知名的女人口中。我们张着嘴，十四目对望（因为有三个人戴眼镜）……

但是很快的，我家老公用迅雷不及掩耳的速度将我拉回座位，实时化解了一场灾难。

"不行！我绝对不能原谅不忠的事情在我面前发生，而且我们还跟James老婆吃过好几次饭，算得上是朋友，我们怎么能背叛朋友呢？"正当我想过去好好教训James一顿，他却自己过来了。

"事情不是你想的那样，这一切全部都是误会，我跟她其实只是普通朋友。"虽然James带了甜点过来，但我最多只能认同甜点，不能认同他的行为。

"我明白，只是吃个饭，没什么嘛！"没想到我家老公竟然点头赞同，莫非他心里也是这样想？难道男人都是这样？

"我已经结婚了，和女性朋友往来自有分寸，绝对不是你们想的那样，更何况，我老婆马上要生了，我怎么可能在外面乱来呢！"看着James的表情，我真觉得他不去演戏太可惜了。

"如果说肉体上的壮阳药是万艾可，那精神上的壮阳药应该就是搞暧昧了。"这是老公在James离开之后做的结论。

与其要说偷吃是男人的天性，倒不如说，男人借由跟女人搞搞小暧昧，来证明自己还有一点残存的男性魅力。"反正只是点到为止，又没真枪实弹跟对方上床，所以不算出轨，我还是一个爱家顾老婆的好男人。"我仿佛听见 James 内心的想法。

不过在我看来，暧昧就是邪恶的种子，有强大的繁殖力，一旦发芽了，就会不断成长扩张，难以控制。为了要让它没机会长大，我决定把刚刚"不小心"拍到的 James 喂食照，"不小心"地分享到我的社交软件去，至于他老婆怎么想，跟暧昧的种子一样，我可控制不了！

> 私房秘语：绝对不要相信那种搂着别的女人，回家还说爱你的男人是真心爱你的！

109　男人的软件

"最近有什么打工机会吗？我有急用，想要多接点活。"收入不差的阿凯突然传信息给我，我以为他家里出了什么事，临时缺钱用，赶紧问需不需要先汇点钱给他渡过难关。

"其实是我女朋友最近老盯着别人的车，而且我的车也旧了，还是辆国产车，才想凑点头期款，换辆进口车，总不能让她老是羡慕别人。"阿凯说。

为了让女朋友满意，阿凯一直努力提升自己的条件，买房子、

· 211

换车子、念硕士、换更高薪的工作，甚至还去做了微整形。"可是做了这么多，我女朋友还是不愿意答应跟我结婚，到底怎么回事？你们女人怎么这么贪得无厌？"阿凯叹气。

"我看你女朋友也不拜金啊，不想跟你结婚，应该不是这问题吧？该不会……你在某些方面没办法满足她？"我怀疑地看着阿凯。他马上挺胸深呼吸，一脸不悦地盯着我："我可是每个星期都去健身房报到的，体能好得很，怎么可能让她失望！"

我摇头，唉……男人的脑袋就只能想到这答案吗？女人要是这么好搞定，大家都去健身房了！

大多数男人在审视自己的条件时，总想到外貌、年收入、动产、不动产这种硬件条件，还会大声地说："你们女人要的不就是这些吗？"误会大了！硬件条件的确是女人选择男人时考虑的要素，但真正能打动女人的心，让她动念想嫁的却不是这些。

为什么想结婚？"因为他对我真的很好，很会照顾我。""他很爱我，赚的钱全都交给我管，买房子也答应要用我的名字。""他蛮有责任感的，是个好对象。""我想生小孩了，他会是个好爸爸。""他孝顺又体贴，而且很会做菜，他保证结婚以后会包办所有家事。"以上是我最常听见的答案，至于因为男朋友买了新房子所以要结婚，换了进口车所以想嫁给他，听都没听过！

对女人来说，男人的软件始终比硬件重要，硬件的规格再高，没有好的软件搭配也没用。偏偏男人自己不懂，总是在硬件上埋头苦干求升级，忽略了女人真正想要的，还要抱怨每个女人都爱钱！

举个例子，最近和老公去了一家许多美食博客推荐的餐厅，装潢华丽气派，餐点却出了问题。穿着笔挺西装的帅气服务生解释了半天，意思就是他们不会有错，这餐点本来就是这样子，应该是我们的口味不合。过了几天去了另一家餐厅,不料餐点又出了状况,因为太饿了,我们只是淡淡地跟服务生说了一句,店长却马上过来道歉,并且马上将餐点的费用删除,一脸真诚地不断说不好意思,搞得我们连他赠送的折价券都不好意思拿了。

名店纵然拥有华丽的硬件设施,却往往比不上服务态度良好的小店,爱情也有异曲同工之妙。

> 私房秘语:外在的硬件规格虽然重要,但内在的软件才是操作的核心。

110 大龄女士和房子

"屋况这么差的房子还敢开这种价钱,难怪卖不出去!"告别屋主,老公一转身就翻白眼。

最近想换个大点儿的房子,和老公到处搜寻合适对象,忽然觉得看房子和找对象差不多,别人觉得好的未必适合我,更巧的是有不少房子跟剩女一样,很难卖出去。以刚刚看的房子为例,交通位置不错,格局方正,可惜屋况不佳,新漆的墙壁和天花板掩不住漏水痕迹,未来漏水是个大问题;后面紧邻学校,隔壁还有寺庙,绝对不像广告传单里讲的清幽安静。尽管屋主高调表示很多人对这房子有兴趣,是她舍不得卖,我们也只是听听笑笑,没打算再跟她联络。尤其在听了她开的高价之后,我们更是后悔浪费时间来看房子。

当然,人和房子不同,但卖不出去的房子和找不到对象的剩女意外有许多共同点,最相似的便是觉得自己条件不错。剩女通常有个不错的工作,经济独立,学历较高,而且讲究生活质量,懂得享受人生,自认绝非条件差,单身是因为找不到懂得欣赏她的男人。然而跟房子一样,即使屋况再好,屋主自己再喜欢,在银行贷款的审核中,凡靠近学校的直接扣5%,靠近加油站再扣5%,附近有寺庙还要扣5%,邻近有高架桥再扣5%……这就是条件不佳的房子。

我曾帮忙撮合过一对朋友,女方自认条件不错,埋怨我居然介绍一个其貌不扬的男人给她;没想到男方一回家就打电话,严重声明他不想要交一个过了最佳生育年龄的女朋友,搞得我两边不是人。其实,这两人条件都不差,女方聪明漂亮,男方认真负责,但在一般大众的眼光里,女生的年纪确实大了些,很难保证一定能生!男生也的确不怎么帅气好看,连顺眼都有点勉强……但他俩都认为自己尚有条件能找到跟他们"匹配"的对象,不该沦为拍卖品,完全没察觉到在婚姻市场里,他们早已不再抢手,才会沦为急于找对象的剩男剩女。

我并非瞧不起他们两位,每个人都有自己的优点。懂得自我欣赏是件好事,但太过主观,忙着自我陶醉,孤芳自赏,总想找个好条件的男人,却忘了也该客观地从他人眼光来审视自己,这跟不管市场行情,只顾开高价的屋主实在没两样。

私房秘语:别怪别人不懂得欣赏你,是你也不懂得欣赏别人。

111　同居的好朋友

"男人与女人可以盖棉被纯聊天吗？"最近为了收集新剧本的资料，连续看了几部关于好朋友之间只上床不恋爱，维持单纯性爱关系的电影。剧情不同，结局倒是很一致，不管哪一对男女主角，到最后都发现早在无意间上床上出了感情。似乎想证明纯性爱不可行，不管由性而爱还是由爱而性，到最后都会产生爱情。

我倒是有不同的看法，如果由我来当编剧，恐怕剧情会有一百八十度大逆转，并非我过于梦幻，否认纯性爱关系的存在，而是我认为"同居的好朋友"根本就是自欺欺人的关系。

有人因为工作太忙，没有时间谈恋爱，身边缺乏亲密的伴侣；有人虽谈着恋爱却感到窒息，想拥有一段自由自在，不必负责任的关系；有人觉得爱很麻烦，上床比较简单，完全不想谈感情，只想找个可以上床的对象。因此从朋友中挑选一个合适的对象，维持固定的性爱关系，成了比和陌生人一夜情更安全、便利的选择。

因为不是真的恋人，不会互相干涉，不必费心思讨好对方，也不必掩饰自己真正的想法，许多人觉得这样的关系很完美，两人相处非常自在，一点也不束缚。寂寞的时候有个伴儿暖床，起床之后直接把他（她）踢到一边就行了，不必陪着吃早餐也不必嘘寒问暖，大家各取所需，上过床之后拍拍屁股，各自走人。

哇！听起来好棒！事实上恰恰相反，人们以为只上床不恋爱远比恋爱更单纯，不必牵涉太多复杂的问题，尝试之后却意外发现一点都不单纯，要维持单纯的性爱关系更加复杂！

性从来都不是比爱更简单的事，或许你会反驳短暂的一夜情就单纯得不得了，但你敢说对象若是面目丑陋，你还有兴致宽衣解带吗？对她（他）没有一丝丝好感，你会想要和她（他）进房间吗？要是感觉特别好，两人搭配得天衣无缝，你不会想留下对方的电话吗？要是一夜情之后再发生二夜情、三夜情……你不会想约她（他）白天出来吃饭喝咖啡吗？若是对方有固定的感情，你不会想知道她（他）跟谁上床感觉比较好吗？

人总是贪得无厌，不要小看自己的占有欲，误以为能做到只要性就可以，反而把生活搞得更加复杂，白白绕了一大段远路。

> 私房秘语：欲速则不达，由性而爱从来不比由爱而性简单！

112　这样爱他错了吗？

"我对他这么好，不但在经济上帮助他，还在精神上支持他，我敢发誓我百分之百为他付出，毫无保留！为什么我这么爱他，他还要跟我分手？我到底哪里做错了？"Jamie 泪汪汪地向我哭诉。

我只做了精华摘要，事实上 Jamie 的哭诉长达一下午，从她和男友相识到交往，细数两人相处的点滴、吵架的过程，巨细靡遗地向我描述，就怕遗漏了关键证词，让我无法判断谁对谁错。

Jamie 跟她男友在同一个部门上班，常帮他摆平工作上的小状况。男友常迟到、早退，一出门拜访客户就趁机打混，等到下班时间才回公司打卡交差。由于两人同一个团队，一起拼业绩，奖金也均分，因此 Jamie 常私下帮他，把自己成交的业绩灌到他头上，以免他被主管盯上。Jamie 为男友懒散的工作态度找借口，认为他是对这份工作缺乏兴趣，又找不到自己的目标才会这样。Jamie 鼓励他去上课、进修，寻找第二专长，帮他缴补习费，还陪他一起去听课，希望能够激励他，找到自己真正想走的路。男友的回报是在 Jamie 生日前两天提出分手，理由是和 Jamie 在一起压力太大。

"在一起两年多，我哪件事不是为他着想？他不喜欢出门，一放假我就陪他在家打游戏、看 DVD，连朋友约我逛街都拒绝，事事以他为主。你说，我都做到这种地步了，为什么这段感情还会没结果？到底哪里错了？" Jamie 无法平衡，她觉得自己能做的都做了，该努力的都努力了，却没有 Happy Ending，爱情到底有什么道理？她已经不知道自己该相信什么了？

唉，我看着 Jamie 轻叹了口气。她一脸激动，愤愤不平加上委屈和失望，这种表情好熟悉，或许在你、我、我们身边的朋友脸上都曾出现过，这就是爱得不甘不愿的嘴脸。

我也曾经这样，以为一旦爱了就要付出一切，不要计较谁付出的比谁多，说服自己应该要懂事，包容他的一切，却没有注意到我遇上的根本是个不够成熟的男人，不值得我这样爱他。更严重的问题是我也不够成熟，不明白真正的爱是慢慢地给，慢慢地放，慢慢地练习。感情是愈来愈深入，日复一日累积的，绝不是发誓愿意为他付出一切的当下，爱情就能瞬间达到顶点。而当他没有以同等的热度回报，我感到委屈，认为自己的付出不被珍惜，努力和收获不成正比，嘴里说着不计较的自己却是最计较的人。

"这样爱他错了吗？" Jamie 又问。

我无法评断对错，只能说当你自己是错的，永远不会遇到对的人。爱情里最需要学习的往往不是爱别人，而是爱自己。唯有懂得爱惜自己，看重自己的每一分付出，别人才会爱惜你，看重你对他的付出。一个懂得爱自己的人，不会容许情人随意糟蹋你。

> 私房秘语：找到值得付出的人再付出，你的每一分付出才有意义。

113　习惯有人陪

"你单身的时间有超过一星期的吗？"我问。

Emma 偏着头认真思索，过了好几秒才得意地回答："当然有，最短的是十天，厉害吧！"

几个姊妹聚餐，事先没说好携不携伴，于是有人只身前来，有人带着另一半，席间最引人注目的是 Emma，她竟然独自赴约，大家都很惊讶。

"有什么好奇怪的？你们忘啦？我上个月跟男朋友分手了，当然一个人来。"Emma 反而疑惑地看着大家。

"当然奇怪！你从来没有一个人单独来聚会，总是有伴儿。"我回答。

"怎么可能？"Emma 的反驳却遭来大家白眼。没错，Emma 就是标准的不甘寂寞，只要一分手，她总能很快交上新男友，快速结束单身的日子。旁人以为她很容易恋爱，一见钟情就坠入爱河，其实她是受不了寂寞的滋味。

"你不要乱讲！我哪有那么夸张？我也可以一个人好好过啊！才不会滥竽充数，只因为想要有人陪就随便谈恋爱。"Emma 全盘否认。

其实人都怕寂寞，有些人可以忍受一个人吃饭，一个人逛街，一个人看电影，有些人却丝毫没办法，连上个厕所都要拉个伴，做任何事都想有人陪。这种人只要一失恋，最痛苦的不是失去爱，而是寂寞难耐。

先是找朋友哭诉，赖在朋友身边，等到苦水一吐再吐，朋友失去耐性了，便开始寻求新的陪伴。Emma 一失恋就忍不住打电话联系前男友："没什么事，我只是想知道你过得好不好？要不要找时间出来聊聊？"

若是前男友打过一轮，个个都有了稳定的新对象，Emma 就开始打电话找身边熟识多年的异性朋友、隔壁部门长相顺眼的男同事、似乎对她有好感的咖啡店店长、刚认识感觉还不错的网友……"我不过是交交朋友，想要借着友情摆脱失恋的阴影，又没什么企图，为什么不行？"Emma 振振有词，认为她是纯粹交朋友，健康地抒发心情罢了。

事实却是 KTV 里情歌一播，Emma 就泪流满面，或是餐厅里一杯红酒下肚，Emma 就开始倾诉失恋伤痕。流着眼泪，楚楚可怜的女人加上对她早有好感的男人（或是单身到发慌，下班闲着无聊的男人），随便一撩拨就擦出爱的火花！

于是 Emma 刚分手没多久又交了新男友，后续的发展姊妹耳熟能详。时间一久，Emma 开始发觉自己和男友个性不合、兴趣不合、价值观不合……相处的问题多如牛毛，接下来是争执、大吵、忍耐、冷战、流泪、痛哭，最后受不了终于分手！

"才不是这样，我没有那么怕寂寞，我也是可以一个人看电影的，我看你们是嫉妒我男人缘太好才乱说！"Emma 边否认边和刚走进包厢的高个子男人挥手。

"Peter！我在这儿！"Emma 拉着高个子男人向我们介绍，这是她昨天看电影认识的新朋友。

> 私房秘语：因为寂寞而爱，只会愈爱愈寂寞。

114 公主不是病

我承认我把自己当公主，但我没有病。不是每个把自己当成公主的女人都有公主病！

小说《婚礼疯狂》里的女主角碧朴莎为了男友远离家乡,住进男友家,帮他洗脏袜子、脏内裤,等着男友和她结婚,男友却和另一个女人远走高飞,结婚去了!男友的母亲力劝碧朴莎别走,斩钉截铁说她儿子总有一天会回来,希望碧朴莎陪她等下去。没有身份的碧朴莎一边打黑工一边等待,伤心的她不再打扮,衣着破烂,连鞋也懒得擦,看起来像个难民,让自己真正成为一个被遗弃的女人。

有一天,碧朴莎接到远方姑姑的来信:"碧朴莎,要是你爸爸还活着,他会怎么说呢?他可能会说:'你要是自暴自弃在人家面前像一团糟饭,人家就会把你当一团糟饭看待。'"勉励碧朴莎要加把劲让大家看到她像一个巴黎蛋糕,大家才会把她当成一个有奶油的巴黎蛋糕那样好好对她。

碧朴莎受到鼓舞,买了新衣服,剪了头发,全身上下精心打扮,果然,走在路上连周遭看她的眼光都不同了!

我非常认同碧朴莎的姑姑,当你怎么看待自己,让自己看起来成为什么样的人,别人也就怎样看待你。

我曾收过网友的信,问:"以飞,我这么爱他,为他付出一切,他为什么还劈腿?""我的男友很霸道,他限制我不准交异性朋友,要经过他的允许才能出门,处处限制我的自由,我该怎么办?""我的男友对我很小气,每次节日、生日,都买很便宜的礼物给我。便宜没关系,问题是他都不用心,一看就知道是随便送的。我却不计较,总是精挑细选送他礼物,而且都不便宜。我的生日快到了,想到又会收到那种不用心又便宜的礼物,我开始有了分手的念头……"

以上几个不同的问题,答案全都一样,因为你把自己当成一团糟饭,不需要他好好对待,不需要他全心全意,不需要他对你认真付出，他自然也不会把你当成一块需要小心翼翼捧在手上的巴黎奶油蛋糕。错的到底是他？还是你自己？

每个女人都该学着把自己当公主。别说你不够漂亮，没有资格被捧在手上；别说你讨厌打扮，只想走自然派，不在乎自己看起来是什么样子；更别说你不想当公主，不必男人呵护。把自己当公主是一种态度，我们都知道唯有你尊重自己，别人才会尊重你；在爱情上也不例外，你怎么爱自己，别人怎么爱你。

> 私房秘语：学着当公主是对自己的尊重，也是爱自己的第一步。

115　你的爱情，谁说了算？

最近在研究到底怎么吃才健康，又是爬文，又是买书，想搞清楚那些香草猪、无毒虾、有机蔬菜、安全认证海产到底怎么回事？

"蔬菜要打成汁，才能吸收到真正的营养。"身边的朋友宣称生机饮食专家说的才是对的，要我别听信网友的实例。

"不必买有机蔬菜，有机的不会更健康。蔬菜只要用流动的水清洗十五分钟，煮熟了再吃，都是安全的。"有博客搬出某知名毒物专家发表过的文章。

"某某养生专家说过认证的海产未必是安全的……""某某医

生说只要不吃加工品，基本上都是健康的。""某某检验师说，再怎么小心都没用，这世界充斥了化肥、基因改造、打针鸡，要百分之百健康唯一的办法是自己种田，自己养猪、养鸡。问题是我们现在的土壤也不再是安全的……"身边好多人给了我好多意见，但我发现大家说的都不是自己的话，全是转述其他专家的发言。赫然发现许多人有专家病，家人、朋友、同事说的话未必相信，只听专家的，或许服从权威是比较简单、便利的方式吧！

爱情也是这样，有一类人喜欢自己研究，发生感情问题，先买一堆书来看，接着研究网络上的文章，试图自己得出结论。另一类人喜欢主动出击，会先上网提问，跪求不认识的网友解答。还有一种人喜欢问身边朋友意见，姊妹淘一阵讨论，得出的结论就是自己的决定。还有一种是乖孩子，听从爸妈的意见，爸妈说分手，他们虽然难过，还是乖乖分手。然而，更多的人相信所谓专家的意见，这些专家大致两大类。

第一类是占卜专家：别怀疑，现今的塔罗牌老师、星座、卜卦等占卜老师也被当成感情专家了。我曾和几个占卜师朋友讨论过这个问题，他们也很无奈："来占卜的人往往只想要一个确定的答案，会不会分手？适不适合结婚？有没有小三？他们没耐心听你分析，一直逼着你要答案。"于是老师说星座不合，很多人就自己下结论说该分手，老师说过的话便成了下决定的关键。

第二类是爱情专家：不管是学有专精的心理医师、心理咨询师，或是众多出过两性短文、爱情小说的作家，抑或长期在博客、微信、微博发表爱情论点的网友，全被视为爱情专家。当然，敝人在下我也常被归为此类，虽然被贴标签的人多数反对如此粗糙的归类方式，然而，正发生感情难题的人哪有心思细想？

我并不反对大家用开放的心胸去跟陌生人、不认识的专家讨论自己的感情问题，然而，请再三提醒自己，别人说的只能当参考！专家说的不一定对！更何况爱情本来就没有答案，你自己的爱情难题需要你的智慧才能解决。你当然可以看书找答案、爬文问问题，但请别抓住某位专家的只字词组，当作标准操作守则，更别把专家的意见当自己意见，把你的爱情交给专家决定。

你的爱情，你才是主角，其他的角色纵使再有名气，也不过是客串，别让他们抢了你的戏，你说了才算！

> 私房秘语：除了你自己，没有人能对你的人生保证"他说了算"。

116　不要对他太好！

"我这么爱他，他怎么可以不爱我？"

这句话或许你也曾说过，面对一段感情，你真心对待，不去计较谁付出的多，却换来可悲的结局，怎么想都不甘心。到最后，你忍不住哭着问："我对他这么好，为什么他会这样对我？"

"你对他好，他就该对你好吗？"我问。

"那当然！人本来就该'互相'啊！"我的朋友 Kristen 挂着

两行黑眼泪,眼线都花了,眼神带着一丝不满,反问我:"况且你不是说过,感情本来就是一种互动,所谓互动不就是有来有往吗?可别跟我说这回我又错了!"

我耸耸肩,不打算回答。毕竟是别人的爱情,我说什么都不对。

"你说啊?干吗不说话?我哪里错了?"Kristen 并不打算放过我,我可以理解她的心情,男友无预警、无理由分手,她需要一个答案。

"如果我说是你对他太好了,你能接受吗?"我试探。

"对他太好怎么会是错的?爱一个人不就是要义无反顾地对他好,有所保留,不愿付出全部,还是爱吗?你到底懂不懂?"Kristen 果然发飙了!

很抱歉,我不认为爱一个人就该百分之百全部付出,更准确地定义,是我不认为人人都有付出全部真心的能耐。

的确,当你爱上一个人,你会忍不住对他好。为了情人一瞬间的笑,你愿意做任何事。进一步说,只要能让他松开眉头,能讨他欢心,不管你自己开不开心,你都愿意去做。问题来了,万一他并不看重你的付出,你还会继续吗?如果他暗示或要求你做得更多,他才会开心,你能接受吗?

Kristen 把业绩奖金换成 Bottega Veneta 的太阳眼镜,送给男朋友当生日礼物,原以为男友会很开心,不料男友只淡淡地说自己已经有好几副太阳眼镜,倒是还缺一个 Bottega Veneta 的皮包。

你猜 Kristen 会怎么做?她把太阳眼镜拿回去换成皮包,多出来的金额用信用卡预支。

不少人都跟 Kristen 一样,认为幸福的强度取决于自己付出的程度,只要我更努力为他付出,就能得到美好的回报。即便不是同等的回馈，至少不会太差，只要我对他好，他就会对我好，这就是所谓的爱情。

可惜更常见到的结果是：他逐渐对你的付出习以为常，你觉得他愈来愈不珍惜你为他做的，到最后，你觉得他一点都不在乎你。

这就是 Kristen 的故事，或许也是你的。

不要对一个人太好，除非你对他好，他对你更好。不要太爱一个人，除非你能确定即使有一天他不爱你了，你仍旧无悔。付出要看对象，爱一个人要先问自己能否承担得起不爱的后果。

> 私房秘语：正因为爱是一种互动，他的回应将成为你付出的动力。

117　我"可能"不会爱上你！

车子行驶在回家的路上，老公默默开车，我闲着也是闲着，干脆和老公讨论起刚接的案子可能会发生什么状况。

"这个窗口风评虽然好，但沟通上有可能因为人太好，这也好、那也好，拿不定主意……""这案子主题有趣，但因为新鲜，可能不好写，必须花更多时间……""我觉得我们下个月的度假先取消好了，我回去先把饭店的订房延后，万一这案子到时候急着要交……"说讨论其实只有我一个人发言,老公不发一语,还没到家,我已经把案子从头到尾可能会发生的任何状况分析完毕,他还是不出声。

"你怎么都没意见?"我忍不住了。

老公只瞥了我一眼。

"是不是都被我讲完了,抢走了你的台词?"我问。

老公正视前方,嘴角轻轻一撇,仍没回答。

"干吗笑我?正经点啦,我刚讲的那一大串,你到底有没有在听?"我追问,口气已经开始冒烟了。

老公这才开口:"案子还没开始做,你哪来这么多预设立场?有帮助吗?"

唉,我不得不承认结婚还是有好处,尤其跟一个对你个性了如指掌的人。

不知道是不是想象力太丰富,还是自以为聪明,我确实很容易在事情发生之前,就产生一堆想象,在爱情上也不例外。过去,面对才华出众的男人,我会说:"太有才气了,一定怪癖一堆,很难相处,算了,这个人我不要!"

遇上个性敦厚朴实的男人,我会说:"你人太好了,就算我对你不好,你也会百般忍让,与其到时候被我伤害,不如不要开始,我们做朋友就好。"

认识不烟不酒的男人,我会在心里暗想:"我最讨厌一个人喝酒没人陪,既然你不喝酒,我很可能不会爱上你!"其实我们才见第一次,如果往后多点时间相处,他可不可能改变想法,陪我小酌?我可不可能改变主意爱上他?我不知道,也没机会知道了!就这样,我的预设立场刷掉了一堆男人,不幸的是多位保持联络至今,

227

证明我当初决策错误，淘汰的都是不错的男人。

我们都明白预设立场是不好的，工作上会提醒自己要保持理智，在感情上却更容易犯这个错。下一次，当你遇见一个人的时候，千万要尽量保持客观，免得不小心错过那个"可能"跟你有缘分的人。

> 私房秘语：保持客观会让你更清楚地看到对方的优缺点，更容易判断两个人是否适合。

118 聪明人谈笨恋爱

聪明的女人谈恋爱往往比普通女人更艰难，但现在的女人多半聪明，遇到的问题当然更多了！尤其是大多数女人都认为一个聪明的女人无论面对任何事都该聪明，能干的女人不管处理任何事都要能干，这样才算得上自信聪慧的现代女性。我却对这点非常不以为然！

绝大多数女人谈恋爱的阻碍就是太聪明，或者说，自认为聪明如我，怎能做笨事呢？当男人的工作遭遇瓶颈，我就该义不容辞给他意见，希望我"聪明"的建议能带给他一些启发。要是光出意见没帮助，我就该跳出来想办法，希望我"聪明"的做法可以帮到他。当发生问题，男人不想沟通，我就该"聪明"地站出来告诉他，感情是要靠两个人共同经营的,他不把内心的话表达出来,就是在伤害这段感情。如果男人依然沉默,我就该做些更"聪明"的事来帮助他开启心扉……唉,我必须说,这些聪明的做法都是不聪明的!当男人遇到问题,并不需要聪明的女人帮他,而是需要一个女人能相信他、鼓励他,即使这个女人是笨的。

"你说的是装笨吗?装笨我不会!他的做法明明不正确,我不赶快告诉他怎么行?为什么要装作不懂?"直率的聪明女人这样反应。

"他的想法根本有问题,我是过来人,比谁都清楚。出意见是想帮他,又不是害他!"温柔的聪明女人苦口婆心。

"反正男人就喜欢笨女人,最好是只会张着大眼睛崇拜他,把他当超人,觉得全世界他最强的那种!"还有一类有敌意的聪明女人这样反驳。

并非男人不懂得欣赏聪明的女人,相反的,很多男人会对聪明有主见的女人印象深刻,被她的明慧的反应、幽默的谈吐吸引住,然而交往的时间一久,女人的聪明却常常带给男人压力。

所谓聪明并非自认为聪明,把男人当笨蛋!或许你的意见才是对的,但男人自己的问题,必须留给他自己去解决,即便他不听你的会搞砸,你还是要放手让他去搞砸,毕竟那是他的自由,而且搞砸过后,他才会找到属于他自己的解决之道。

聪明的女人不受欢迎,不是男人没有心胸接受女人比他聪明,而是聪明的女人太自以为是,不给人留空间,反而把恋爱给谈笨了!

> 私房秘语:真正聪明的女人会明白自己永远不够聪明。

119 "合法情人"

　　临睡前才想到，第二天是结婚纪念日！天啊，我居然跟一个男人结婚满四年了，还没想过离婚！平常我很少去计算到底结婚多久了，数学不好的好处就是不太会算时间，常常会把老公当新的男人看。一晃眼，竟然已经四年了，1460个日子，我跟同一个男人一起度过。

　　老公果然也忘了，我赶紧开机上网找餐厅，结婚纪念日这么特别的日子，怎么能放过呢？

　　大多数男人都能找出一百个不庆祝的理由："以前你是我女朋友，每次节日都吵着要庆祝，花钱吃大餐、送礼物，现在好了，我都把你娶回家了，充分证明我对你的爱，就不必麻烦费事了！""什么鬼节日都是商人的把戏，聪明的你别上当受骗了！""到外面吃饭人挤人，不如在家边吃边看电视舒服，我们叫比萨好吗？""现在我的钱就是你的，我大可以买礼物，准备浪漫晚餐，但花的还不是你的钱？何必呢？我们省下钱来买房子吧，别庆祝了！"

　　老公也是男人，当然也曾这么想过，但他已经被我洗脑了！凑过来看我找了什么餐厅，跟我讨论了起来。我向来认为，许多交往很久的恋人、结婚多年的夫妻，感情会慢慢消退，不该怪时间，自己必须要负最大责任。不管结婚多久，不管生活多忙碌琐碎，不管相处模式是不是已成为老夫老妻，我坚持每个情人节、圣诞节、纪念日……这些特别的日子还是要庆祝。因为这是最好的机会去提醒你自己，夫妻的本质不是家人，是情人。你们是交往中的情人，跟一般情侣一样都在谈恋爱，差别只在于你们是登记过的"合法情人"。

或许时间使我们淡忘当初热恋的滋味，或许工作让我们无暇维持恋爱的心情，但是别忘了，只要还在一起，你们就是情人，是现在进行式，不是过去式。带着恋爱的心情去过每一天，才能体会有幸结为夫妻是多么美好的相遇。

> 私房秘语：让时间累积更多的爱，而不要输给了时间。

120　男人爱发火

男人远比女人容易发火，因为愤怒是他们最擅长表达的情绪。

Ruby 好不容易挪开值班时间，和男友 Calvin 去约会，两人已经快一个月没见了，Ruby 好开心，像只刚被放出来的笼中鸟，叽叽喳喳地在 Calvin 耳边说着最近公司发生的事、姊妹淘的八卦还有电视剧的剧情。两人正在印度餐厅门口排队等位置，突然间，Calvin 就生气了！

"你发什么火？刚刚不是都好好的吗？" Ruby 不懂 Calvin 的

怒火从何而来？

"我不吃了，你自己吃！"Calvin 扭头就想走。

"好不容易才有时间见面，不要浪费时间吵架好吗？"Ruby 的低姿态让 Calvin 停住脚步。

"你到底在生什么气，不能跟我说吗？"Ruby 急切追问。

"没什么……我没胃口，先回去了。"Calvin 迈开脚步。

"喂！别走！我到底哪里惹到你了？你讲清楚！你真的很不可理喻！"Ruby 气呼呼地看着 Calvin 大步离去的背影。

如果你跟一个男人交往得够久，应该会遇过好几次跟 Ruby 一样的情况。其实，早在约会前两周，Calvin 的公司挖来了一位新主管，抢走了他胜券在握的升职机会，他的心情已经够差了，还要在同事面前假装不在意。一直没机会跟 Ruby 碰面，几次通电话，他本想跟她说，但想想也不是什么大事，这种事一说出口就像抱怨了，所以他一直憋着，想等下次约会时再装作自然地说出来好了，Ruby 一定会为他打抱不平。没想到一碰面，Ruby 只顾着说自己的事，他根本没机会开口。百货公司挤死人了，他向来讨厌人多的地方，偏偏 Ruby 说要吃这家美食街的印度菜，都饿死了还要等位置……看着 Ruby 的嘴巴快速一张一合，一副没打算停下来的模样，他再也受不了，终于爆发！

如果升职受阻这件事发生在 Ruby 身上，她一见到 Calvin 就会开始哭诉自己在公司受到多大的委屈，Calvin 会立刻安慰她，后面一连串不愉快都不会发生。然而，大多数男人都不擅长表达爱、受伤、恐惧、难过等等女人表达无碍的情绪，忍无可忍时，他们以愤怒来表达。

所以发火是男人宣泄情绪的方式，动不动就发火则是他向你求助的信号，一个动不动就生气的男人一定是遇到了难以解决的问题，不知该用什么方式来表达，千万别误解他，以为他天生爱生气。

> 私房秘语：聪明的女人要学会察言观色，引导男人将情绪倾吐发泄出来。

121　女人的嫉妒心

人比人，气死人，但女人一比较起各自的男人，不只气人，还会让人完全丧失自信。信不信？女人的自信有一半以上来自身边的男人。自己的男人有多优秀，女人就有多骄傲。

一个女人的好心情通常是这样来的：

☆我男友送我来上班，隔壁女同事搭车来的，胜！

☆我男友开车送我来，她男友骑摩托车，胜！

☆我男友每天早中晚照三餐电话请安，她男友一整天没消息，胜！

☆我生日吃牛排，她生日吃必胜客，胜！

☆我们跨年去香港，她和男友去市政府，胜！

坏心情则是这样累积的：

☆隔壁女同事跟男友一讲电话就变娃娃音，一通电话可以讲半小时,怎么我男友一接起电话就是:"没事打来干吗?我要忙了……"我还来不及装娃娃音,电话就挂断了!

☆她男友开新款奔驰,我男友开二手丰田,我忍不住打电话给男友:"你等一下车子不要停在公司门口好吗?"

☆走在路上,别人的男友都会牵手、揽腰,我家男人跟路人没两样,各走各的,叫他还不一定会停下来。

☆别人的男友爱帮女友拍照,到社交软件上秀恩爱,我的男友连我自拍他都懒得点赞。

☆别人的感情状态大方写着稳定交往中,为什么我男友把我隐藏成"只限本人浏览"?

"不是我爱比较,只是很疑惑,我的条件不比别人差,为什么男友的水平却差那么多?"好友 Rita 解释,她并非刻意拿男人来比,只是有点不甘心。

"我不是爱嫉妒别人,只是觉得有点委屈,我男友都不会替我想,好歹也要有几项让我拿出去炫耀嘛!"另一个好友 Sammy 也附议。

虽然不完全认同,但我的确发现有些男人特别聪明,例如我家那位。"明天你不是有同学会,今天要不要先去做指甲?顺便去洗个头,还是要剪个新发型?""跟姊妹淘出去喝下午茶?那你应该背新买的包包,借机秀一下!""下礼拜要喝喜酒,你有衣服穿吗?要不要买套新的?"怎么样?受教吧?罗马不是一天造成的,我家男人固然有慧根,但还要靠我循循善诱,苦口婆心地劝导,才能造就一个好男人。

以前他可是认为女人天生爱嫉妒,总羡慕别人的比较好,他绝不跟随起舞,穿背心、蓝白拖就要陪我去和姊妹吃饭。自从我卖力抓住机会，一再在他兄弟面前展现他的大方和慷慨，现在的他已经可以理解女人微妙的心理了（其实跟男人展示漂亮女友的心态相差不远）。不敢说这样的男人算成熟，但至少是一种体贴。

私房秘语：别忘了在男人展现慧根的时候大力鼓掌。

122　单核心男人

"该来的总是要来，我觉得我家阿德已经不爱我了！最近说话老是爱理不理的，把我当空气，就会对着电视上的正妹主播发呆。七年还没到，交往三年就痒了！"小幸郁闷地说。

"可能在一起久了，缺乏刺激，去度个假放松放松，说不定会好一点。"我随口说说。

"人家说男人的感情有三态，恋爱时期是动物，恋爱后期是植物，等到结婚之后就变成化石了，但是我们还没结婚，阿德怎么就石化了？问十句应一句，回答也都是要死不活的，不会超过三个字，一定是变心了！"小幸哀号，我却没有多余的心情安慰她，看着镜子里的身影，回想刚刚出门前的情景。

"我穿这件好看，还是刚才那件？"我问。

老公头也没转，毫无反应。

"拜托看一下我好吗？"我不满地催促。

老公头是转过来了，但一脸茫然，双眼失神，不到两秒，视线又回到计算机前。

"哪件好看？"我追问。

"这件。"老公闷哼一声，对着屏幕，模糊地吐出两个字。

"你和你老公感情那么好，他一定不会这样对你吧？"小幸的声音把我唤醒。

唉，我叹了一口气。其实，小幸的男友阿德跟全世界的男人都一样，不是变心，而是恢复正常了！男人本来就是"单核心"动物，很难一次同时处理两件以上的事。如果注意力集中在一件事上，很难迅速转换抽身，投入另一件事，这就是为什么男人偷瞄路上正妹很容易被抓包的原因。恋爱初期，男人严阵以待，注意力全集中在女人身上，这时反应快，有问必答，但渐渐地，随着感情的稳定度增加，注意力开始下降。我和老公在一起十多年了，他石化的程度可想而知。

偏偏女人多是"双核心"以上的动物，可以边化妆边开车，边炒菜边讲电话，当然受不了单核心男人的心不在焉、放空发呆和反应迟钝。

"你到底有没有在听我说？""我跟你说话的时候，你不能看着我吗？"我想每个女人都跟她的男人说过这两句话吧！

单核心运作速度慢，快也快不起来，不是不想，而是不能。下一回，若想要男人把注意力集中在你身上，最好还是给他一点时间处理完手边的事，才能腾出完整的时间好好听你说话。

> 私房秘语：不要自己吓自己，把男人的各种行为都解读为变心。

123　旧情人的赞美

"旧情人都是怎么赞美你的？"昨天和广播电台联机，主持人问我。

"……聪明，有才华吧……"我想了一会儿，才有办法回答。

"那你现在的另一半，也曾这么赞美过你吗？"主持人继续问。

这是套出内心话的心理游戏吗？我有一点紧张。

"好像没有。"我据实回答，虽然大多数人都会赞美我聪明能干、很有才华，但印象中老公没有这样赞美过我。

"你认为你的另一半是因为你聪明有才华，才会爱上你的吗？"主持人继续问。

"当然不是！"我毫不迟疑地答，全世界只有老公老是嫌我笨。

"看吧！旧情人赞美你的部分，反而不是你的另一半认为的。"主持人揭晓谜题，她在节目中做过多次调查，发现这个有趣的现象——旧情人赞美你的优点，往往是多数人看到的你的优点；但真正成为你的另一半的那个人，看到的却不是这些大家都能看到的你，他喜欢的、赏识的你，是别人看不到的部分。

我笑了，真的很妙！回想起身边有一对夫妻档朋友，老公是业界公认的音乐大师，才华横溢外还口若悬河，每次出现在聚会中总是众人的焦点。前两天他老婆却私下告诉我，其实她老公不擅社交，每次出门都不知道该说什么，才会针对他自己起的话题滔滔不绝。

主持人附和，说过去她交往的男友总以她是"广播情人"为荣，而身边的另一半态度迥异，听到别人大力赞美她是知名的广播主持人，只是态度冷淡地冷哼两声，认为那又怎样，不关他的事。听到这儿，我又笑了，我老公也是这样。

人都有被了解的欲望，又有担心被看透的烦恼。或许，那些过往的情人都跟普通的朋友没两样，只看到你表面的美好，看到你想被别人看到的部分；而某些特殊的人能留意到大家没注意到的你，能窥探到你不想被看透的部分，能看到你面具之下真正的原貌，包括丑陋、伪善、脆弱、自私等你害怕被发现的一面。看穿真正的你仍能赏识你的人，便是真正爱你的人。或者说，看尽你善与恶、好与坏的每一面，仍能包容你的才是真正接纳你，可以与你共度一生的人。

录完节目之后，老公敲了敲门，顶着一张冷漠的扑克脸，端给我一杯热好的中药。我回想过去交往的前情人多是长相俊美、笑容可掬的男人，忽然想起小时候我老爸说过的话："吃水果别只挑好看的，丑的水果才是最甜的！"

私房秘语：勤练眼力，看穿表面，那些外表不怎么讨喜的男人，骨子里或许富含好老公基因。

124　原谅劈腿男

"如果你的另一半出轨了,你会原谅他吗?"

每次看到新闻里被媒体逮到出轨的老公,低头牵着老婆一起出席记者会,夫妻俩泪汪汪地跟大家鞠躬道歉的戏码,我往往嗤之以鼻。因为我不认为在爱情的背叛中有真正的原谅。

每次读者、网友问我该不该原谅劈腿的男人(或女人),我总是冷静地提醒:"难道你真的能忘记他做过的事?在往后的日子里彻底忘记不再提起,一如以往地爱他、尊敬他?"

这是我的真心话。记性再差的人都不可能轻易遗忘被背叛的难堪,尤其你最亲密的伴侣、最信赖的另一半,违背了对你的承诺,偷偷和别人有了亲密关系,我怎么样都无法忍受。同理,我也告诉我的男人:"如果有一天我背叛了你,千万不要原谅我!我不值得原谅!"

然而,最近我改变了想法。

好友 Serena 的老公在两年前向她坦承,自婚后他便不断偷腥,对象不止一人,那时 Serena 完全崩溃。Serena 老公并非基于诚实负责才自首的,而是某小三威胁要告诉他老婆,只好先下手为强。事情爆发后,两人拖了几个月仍离婚了!Serena 换了工作,开始看心理医师。丈夫的背叛让她失去了自信,不管姊妹怎么劝说安慰,她仍变得憔悴消瘦。

然而上个月偶然见到她，她神色恢复了不少。我故意开玩笑问她是不是有了交往的对象？她犹豫地点点头，告诉我她开始和前夫约会了。我大惊失色，问她怎能原谅那个负心汉？

"知道他出轨后，我所信任的一切全崩溃了！我开始怀疑他说过的每一句话，也怀疑身边的每个人是不是真的爱我、对我好，包括你们这些姊妹……"Serena勇敢地提起过去的心情。当时的她无法责怪任何人，只是责怪自己的盲目，居然没能早一步察觉老公的不忠，每天以泪洗面，无法成眠。日复一日的痛苦让她发现，"如果我不开始练习原谅他，我永远也无法原谅自己"。

于是，Serena不再拒接前夫的电话，因为处理房子买卖和搬家的事，两人有许多琐事需要沟通，保持着联系。在一次一次的对话中，有一天，Serena终于能心平气和地跟前夫讲话，接受前夫的道歉。两人把话说开，发现过去彼此都不够坦承，过着表面和谐实则不快乐的婚姻生活。莫名其妙地，两人建立起一种新关系，偶尔讲电话聊天，一起去吃饭。

"直到现在我仍然没有原谅他，但是，我在练习。或许，有天真的能做到。"Serena对我说。

想到身边那些深受另一半背叛之苦，到现在仍无法释怀的女人们，对比Serena此刻的表情，神色自在，没有太多阴影，忽然觉得紧抓着别人的错不放，或许才是折磨自己。

> 私房秘语：不必强迫自己当个圣人去原谅劈腿男，但尝试原谅或许是放下重担的第一步。

125　面子重要，还是情人重要？

"如果跟你约会的男生说了笑话，无论他说什么，你都会笑的请举手？"

到大学演讲，再次感受到年轻的大学女生很有想法，偌大的会场里有近三百人，没有人举手。

如果他说的笑话不好笑，我干吗要装笑？沉默的女孩脸上清楚这样写着，似乎觉得我的问题很奇怪。

"你们不觉得努力说笑话讨好你的男生很可爱吗？"我开玩笑地问，男生们全笑了，女生则不以为然的居多。

另一个问题，只有两个人举手——"不管他说什么，你都会静静倾听，不批评、不反驳？"

"如果他说的我不赞同，我会反驳！""即使跟他想的不一样，我也会勇敢地表达自己的想法。"握着麦克风发表的女孩有些害羞，但态度很坚定。很好，女生有自己的意见很棒，走自己的路，不必管别人怎么想，一直是我欣赏的态度。不过，能不能给男生留点面子？

演讲之前，我刚好看到一篇文章，讨论为什么很多男人不喜欢带女朋友出门？绝大多数男人表示因为女朋友常把两人私下的相处搬到大家面前实况转播，吐槽、酸他、出卖他，在他的兄弟面前给他难堪，带女朋友出去反而让他没面子！女人则认为是男人大惊小怪，太爱面子！

我看着文章思索许久，因为我从没碰过这问题，相反的，我的现任及前男友很喜欢带我出席他的朋友聚会。不过有一次，某前男友问我："你要穿成那样出门吗？"

"这样不好吗？"我检查身上的衣服，没破洞、款式休闲、不暴露，没什么不对。

"可以穿……漂亮点吗？"他支支吾吾。

我冰雪聪明，立刻换上新洋装，还补了口红。

"会不会太露？"我拉拉有些低的前胸衣领问他，做最后确认。

"不会，这样很漂亮。"他难得地赞美。

那时我便充分领教到男人喜欢带打扮漂亮的女朋友出门的微妙心态。

不管男人女人，是人都爱面子。忠于自己、勇敢表达是好事，但在自我感觉与情人感受之间，需要平衡，因为爱情从来不是一个人的事。我承认我是会在男人说笑话的时候，努力挤出笑容的人，也会在男人滔滔不绝发言的时候，尽量抿住嘴、忍住发言冲动的女人。这不表示我没有自己的想法，而是表示我选择倾听与鼓励。因为我相信，只要你持续对他笑，终有一天，他会说出最好笑的笑话。

> 私房秘语：让他有面子，就是给他尊重与肯定。

126　已婚女不伦的理由

"你大半夜不睡，在看什么书？"老公睡眼惺忪地瞥了我一眼，立刻从床上坐了起来。

我常失眠，老公则有三秒钟入睡的好功夫。今晚，趁他睡着，我边喝香甜的冰酒边看小说，一个人安静地做着自己喜欢的事。虽然老公就躺在身旁，感觉却像放假，暂时卸下妻子的任务。

"《像样的不伦人妻》，这什么书？"老公拿走我手上的书查看，"好看吗？还折了那么多页，做笔记啊？"

"好看！知道这个已婚女为什么发生不伦恋吗？"半夜四点，我看老公已经完全清醒了。

女主角美弥子是个称职的妻子，每天勤奋打理家务，煮好饭等老公回家，把一天发生的琐事说给他听。夫妻俩看起来感情很好，美弥子会主动帮老公的咖啡加牛奶，两人还会在餐厅互换盘子，共享食物。

"那她为什么还会出轨？"老公追问。

其实一开始她也不算真的出轨，只是和一个男人一起散步，在人人都看得见的街上走来走去，聊天说话。

"聊天聊出不伦？"老公皱眉问。

"对啊！"我点头，把折起来的一页递给老公看。

老公看了几行，有点摸不着头绪，我热心地一人分饰两角，演给他听。

老公才听了几句,便笑了。很像我们之间会发生的对话,或者说,是很多情侣、夫妻之间寻常的对话。女人叽叽喳喳地说着今天发生的事,男人则边听边上社交软件、看球赛、玩手机或打游戏,偶尔附和几句——"嗯……""是哦?""然后呢?"装出一副有在听的样子,事实上注意力完全不在女人身上,那些反应只是反射动作。

男人的耳朵仿佛有着独特的过滤系统,只要是不感兴趣的事物,即使张着耳朵也听不进去,就像洞口过大的筛子,那些细碎的话语快速穿过洞口,一下子就流到水沟里。

"要吃饭吗?"如果女人偶尔插入男人感兴趣的话,不管有多简短迷你,男人都能及时在洞口拦截,把话听进去。

那个不伦的对象跟老公不一样,不管女人聊什么,都会看着女人的脸,仔细倾听,认真回应。

"那他一定不用智能型手机,不上网,也不会打游戏。"老公挖苦地说。

"这我不知道,书上没写,但他显然不在女人跟他讲话时做这些事。"我正经地回答,把书送回老公手上。

要女人爱上男人有时出奇的简单,专注地对待,把她当一回事,而不是可以边看球赛边打发的对象;可惜男人不懂,以为女人索求的都是他们给不起的。

"你是在威胁我?"老公问。

"没有。只是讲个床边故事给你听。"我笑着回答。

> **私房秘语**:倾听女人说话,远比帮她买名牌包、带她吃大餐经济划算。

127　干吗那么认真？

　　难得的休假日，和老公窝在家里看片。片中的女主角是个长相漂亮，个性可爱，在男人心中像天使般的女人。男主角为她着迷，把她娶回家，没想到几年后，天使变成一个神经兮兮，喋喋不休，刁蛮任性的野蛮人妻。剧情荒诞的喜剧，我们看得哈哈大笑，不过，老公的表情却有点怪，频频斜眼偷瞄我。

　　"真的好像你哦！"正当片中的野蛮人妻讲话跟机关枪似的，差点没把男主角逼疯，老公居然对我这么说。

　　"哪里像？我有那么恐怖吗？"我反驳。

　　"你看！你看！超像的，你也会这样！"老公边指着电视边大笑。

　　"你讲清楚一点，哪里像？"我叉起腰瞪人了。

　　"哎哟，开玩笑的啦！"老公敷衍两句，继续被片中笑点逗笑。

　　但我哪有这么好打发，稍晚吃饭的时候，我继续追问，我哪里像野蛮人妻了？

　　"干吗那么认真？"老公笑着说。

　　"我本来就是个认真的人，不要随便跟我开玩笑。"我一脸严肃地说。

　　第二天早上，准备出门大采购之前，我提醒老公有机蔬菜该补货了。

"那家有机蔬果店的店员是女的吗？辣不辣？"我笑着问。

"干吗这样问？"老公皱眉。

"你每次去那家店，都坚持要自己进去，留我一个人在车上等。"我回答。

"有吗？"老公冷冷地看我一眼。

"当然有，好几次了，你没注意到？"我不甘示弱。

"之前去不是下雨，就是天气冷，才想说你待在车上，我进去就好。"老公脸色一沉，"那今天换我在车上等，你进去买，最好是有辣妹店员。"

我也非等闲之辈，当然懂得识时务者为俊杰的道理，马上堆起笑，"哎哟，跟你开玩笑的啦！"

"不要跟我开这种玩笑。"老公的脸色还是很难看。

"借人家开开玩笑不行哦？好小气，干吗那么认真！"我不满地说。

我们都喜欢开玩笑，有时是因为无聊，有时纯粹好玩，偶尔是为了掩饰情绪、避免尴尬，才装出玩笑的口吻。不管怎样的玩笑，真正在乎你的人，绝对不随便跟你开玩笑，把跟你之间的事拿来当笑话讲。

或许你笑他严肃，笑他不懂你的幽默，你的笑话又没恶意，"干吗那么认真？"

然而，你何尝不是在找一个对关于你的大小事都认真对待的人？

> **私房秘语**：开情人玩笑从来不是打动人心的情话，少开为妙！

128　一见钟情与日久生情

"认识一个人多久，才能决定要爱上他呢？"十六岁的小女生写电子邮件问我。

我微笑，回想起十六岁的我似乎还来不及找答案，就去爱了，结果当然是遍体鳞伤。

"所谓的爱不该是扑通一声往下跳，毫无退路，两个人之间的关系进展也不该是电灯开关那样，只有开和关两种选择。我比较建议你们逐渐地走近，在每向前一步时，你会愈来愈清楚答案。当然，很多人认为既然爱了就该百分之百投入，下了这个决定便义无反顾。但通常这样想的人下场都不是太好，因为当我们自以为想清楚的时候通常没想清楚。"我这样回复小女生。

小女生没两天又来信了，质疑我的回答："我知道能够拖愈久愈好，但是，我身边有人竟然认识第二天就决定谈恋爱了，结果也撑了两年多。可见这件事并没有答案吧！"

的确没有答案，我笑自己笨，当小女生写信想向我寻求答案，我居然呆呆地回她，企图给她一个答案。

每个人爱上一个人的速度不同，就跟女人的衣服和男人的车子一样。有些衣服，你会对它一见钟情，远远看到它立在橱窗里就爱上，没什么理由，光凭感觉就认为它是最适合你的。而有些衣服，你要试穿之后才会爱上，看起来并不怎么出色，穿上才知道它有多突显你的优点。还有些衣服比较特殊,可能只是因为打折便宜才买,穿了几次并不觉得有多好看,有点后悔当时冲动买下它,便扔在衣橱里。直到有天大扫除,你必须决定它的去留,最后一次试穿时才发现经过时间的考验,它仍然流行,与你其他的衣服容易搭配。这时候,你才真正爱上它。

男人对车子也是一样,有些车子让他一眼就迷上,非拥有不可,但有些车子要等到他开了一段时间,才会发现它是辆好车。而有些车未必是别人眼中的好车,他开起来却最顺手、最习惯,要他换新车还舍不得。

爱情不是数学,没有公式可套,当然也没有标准,我们只能依照一些原理、原则去思考。的确也有人一见钟情,白头到老,但更多冲动的感情是无疾而终,伤人伤己。两人之间若是了解愈深,必定让我们更有信心去面对未来的相处。你大可以见面三秒就爱上,也可以相处三年才决定跟他谈恋爱。如果你还无法决定该不该跟他谈恋爱,那你们恐怕还需要更多时间去相处。

> **私房秘语**:爱情跟考试有相同之处,准备得愈充分就愈熟悉,愈熟悉就愈不容易出大错。

129 爱一个人就该义无反顾?

"我的男友喜欢泡夜店,常跟他的朋友去,但我不喜欢,为此吵了几次架。最后他承诺未经我允许,绝不会跟朋友去夜店。我很想信任他,但有时候又难免怀疑,很想打电话抽查,问他人在哪里?这种感觉好矛盾,大家都说爱一个人就该义无反顾,不能有怀疑,我到底该怎么做?"好姊妹 Sofia 问我意见。

"未经你允许,绝不会跟朋友去夜店。那意思是说一个人去夜店就不需要经过你同意啰?"我问。

"对哦!我怎么没想到那个心机鬼,居然这样骗我!当我是笨蛋哦,我找他算账……"Sofia 连串咒骂,立刻拿起手机要打电话。

"等等,我只是随便说说。"我拦下 Sofia,笑着问:"你这么不信任他,也叫作爱得义无反顾哦?"

别说爱里需要信任,就连我们每天用的产品,也存在着品牌信任度。我们相信某些保养品牌是天然有机成分,不会带给环境过多负担。我们相信有些百年老店用料实在,绝不会偷工减料。同样的,对于我们所爱的人,我们相信他(她)会为我们着想,不会伤害我们,带给我们快乐。

"因为爱,所以信任。你必须让他知道,你看重他的承诺,希望他不要辜负你的信任。而你自己必须学会的则是真正的信任,不要一天到晚怀疑他。既然选择爱这个人,就该信任他;如果无法信任——可能因为他过往有不良记录，或是你认为他的人格不足以令人信任——那你就不该爱他！一个连你都认为不值得信任的人，你爱他什么？那叫作爱吗？"我问 Sofia。

然而，我认为信任并不是闭着眼睛，盲目的信任。爱也绝非义无反顾，毫不犹豫。所谓真正的承诺必须经得起考验。

"如果怀疑他违背诺言，跑去夜店，想打电话问他在哪里，根本不必忍住，直接打电话问，这是情人之间很正常的联系，并不是什么罪名指控与隐私侵犯。"我说。就像通过抽查的产品，让我们对它更有信心，未来更加倾向于购买，经得起考验的承诺必然也能增加情人之间的爱。

> 私房秘语：爱情不是合约，签了就不能后悔。所谓义无反顾的爱只是在帮自己的爱情故事洒狗血，既没必要也很愚昧。

130　大哥的配合度

"亲爱的，来看这里！笑一个！"女友一下命令，一脸凶恶、叼着烟的阿啪听话地对着镜头笑，还尽责地比了个手势，旁观的人瞬间冻结，因为这画面太有梗了！

人人都尊称阿啪一声大哥，他天生具有大哥的气势，不只工作上管辖数百人，位高权重，呼风唤雨，见朋友有难，他也不会袖手旁观，把身边朋友当弟弟妹妹般照顾，因此备受尊敬。由于年少轻狂时叛逆过一阵子，阿啪的额头上留着一道疤，手背上满是刺青，加上他那张天生的恶人脸，令人不敢在他面前造次，第一次见到他的人甚至连屁都不敢放。

这样一个大哥级的男人，在交了女朋友之后，瞬间变了。心爱的女友一声令下，阿啪认真地对着每道菜左拍右拍，先来个全景再特写，大家伸着筷子等着，没人敢打扰他。

"亲爱的，不要光拍菜，我要跟你合照。"女友挥挥手，阿啪配合地把手机往上斜四十五度角，搂着女友张嘴笑，已经有那么点专业自拍的架势了。

"连大哥都沦陷了……"我家老公感叹，他向来认为爱上一个人就是心甘情愿当对方的奴隶。

我却感动得想哭，这就是爱情动人之处，不管你是什么样的人，当你爱上一个人，就会开始为他改变，并乐此不疲。不运动的女人交了一个爱健身的男朋友，就会开始买运动服；惯常在路边摊吃卤肉饭的男人有了新女友，开始留意城里哪里有好吃又有气氛的餐厅；嫌周杰伦唱歌难听的男人，因为新女友喜欢，整夜排队买演唱会门票……这些改变你我都曾有过，因为爱他（她）所以愿意配合他（她），只要对方开心，你也开心。

"到底还有几道菜，怎么不一次上完？分量会不会太少了，这样哪里吃得饱？"趁女友去上洗手间，阿啪忍不住跟我家老公耳语。

"我也吃不饱。等下我们去吃卤肉饭好了，前面路口那家老店不错。"老公说。

"好啊好啊！我也喜欢那家，真的很好吃。"阿啪笑得开心。

"哪家好吃？你怎么不带我去？"女友回到座位，一听到好吃的便追问。

"那种地方哪敢带你去……档次不够，你不会喜欢的。"阿啪说。

"我没那么挑好吗？偶尔吃吃路边摊我也可以，下次带我去。"女友撒娇地说。

我又感动了。我曾交往过一个男友，吃什么从来不问我，直接带我进餐厅，坐下来先点他自己爱吃的，不喜欢跟我一起分享食物。后来我认识了另一个男人，总是先问我要吃什么，进了餐厅先让我看菜单。

"我想吃蛋包饭，也想吃咖喱饭，好难选……"我对着菜单犹豫。

"那两个都点吧！"男人说。

等菜上了，他让我先尝一口蛋包饭，再尝一口咖喱饭，问我哪个好吃，默默地把我挑剩的端到自己面前。

我选择嫁给后面这男人，果真他没让我失望。当然，后来我也开始配合他，选他爱吃的。

我以为所谓的爱就是这样，他愿意把你的喜好摆在他个人喜好面前，你也愿意配合他，这种配合不是委屈，而是希望看到对方的笑脸，因为他好，你就好。

> 私房秘语：如果你完全不想配合他，不是你不够爱他，就是你还没准备好去爱一个人。

131　不承诺的男友

"我的男友不肯对我承诺,我该继续跟他交往吗?"好姊妹 Ellie 大半夜把我吵醒,因为她总算跟男友表态,说想住在一起,但是男友告诉她,现阶段还不想对任何人承诺。

"他强调他是爱我的,对我也是认真的,只是还没准备好承诺,希望我也不要对未来抱太大的期望,免得受伤。"电话那头,Ellie 的声音有些哽咽。

"那你自己怎么想?两个人已经在一起了,就算对方没给你承诺也无所谓吗?"

"我不知道……是不是应该要再多给他一点时间?"Ellie 问我。

"你能等多久?半年?一年?三年?"我尽量维持冷静的口气。

"我不知道……但是我真的很爱他……"Ellie 忍不住哭了。

不承诺的男人愈来愈多,老实说我向来不认为愿意承诺的才是好男人。但是,我的确遇过说不结婚的男人,跟我分手之后,很快跟别的女人结婚了。

"或许这世界上没有不承诺的男人,只有不值得他承诺的女人。"我说。

"你错了!说不定他以前曾经受过伤,所以不敢随便承诺,因

· 253

为怕再度受伤。"Ellie 吸吸鼻子,反驳我。

"的确有可能,那表示他受过伤的心还没复原,没办法去爱一个人。"我认同,"只是这种内伤什么时候能痊愈很难说,有的人终其一生都无法康复。"

"说不定他只是还没准备好,因为他还不够了解我,还需要更多时间观察我,才能下决定。"Ellie 又换了个说法。

"这也有可能,只是一个男人还不够了解你就跟你交往,不是缺乏观察力,就是他根本没意愿了解你。"我说。

"说不定……"Ellie 的声音又开始带哭腔了,"他还没认清我是他的真命天女,所以才会犹豫不决,我听说男人都有承诺恐惧症,害怕失去自由,不想为一个女人放弃一整片森林。"

"你是说他骑驴找马?这也有可能。"我附和。

"你到底是不是好朋友啦?我打电话来是要你安慰我,可是你愈说我愈难过……"Ellie 又哭了。

非常抱歉,我实在想不出一个要求女友不要对未来抱希望,说他不想承诺的男人哪里好?人格不成熟?困在旧爱中?不想负责任?想要爱得轻松自在没负担?自己的人生都搞不定了,没办法再负荷另一个人?眼前这个虽然还可以,但不是最喜欢的,还想多跟其他女人交往?还有别的理由吗?

"如果你能举出积极正面的理由,证明他不承诺是为了你好,大可以说服我。"我告诉 Ellie。

"啊!我想到了,会不会是他得了绝症,不想拖累我,才不敢对我承诺?韩剧都这样演!"Ellie 开心地说。

我好想挂电话。

许多女人总爱为不承诺的男友找借口,却没想过纵容男友不承诺的正是她自己。

> **私房秘语**:所谓承诺不是单方面的保证,而是两个人互相认同、取得共识的结果。

132 幸福没有那么难!

"亲爱的以飞,每次看你的文章,我常忍不住羡慕,到底怎么做才能跟你一样,嫁到一个好老公,找到幸福?扪心自问,我真的非常努力,但怎么离幸福愈来愈远?幸福真的好难!"

老实说我平均每星期都会收到一封类似这样的留言,回答得手很酸,干脆写篇公告吧!

幸福到底难不难?你认为很难,就很难,难如登天;你认为不难,就不难,比随地捡到一块钱还简单。

"乱讲!随地捡到一块钱明明很难!"如果你内心发出这样的想法,我必须说:幸福对你而言很困难,因为你把每件事都看得不简单。

"困难的事简单想,简单的事复杂做。"是我的原则,也是我的幸福信条。

· 255

"两个人之间真能牵手走一辈子吗？世上有男人能永远对你痴心不变？"

这种困难的问题，我总简单去想，诚实回答："我不知道！"谁会对谁永远不变，哪个男人不变心……我真的不知道，但谁知道呢？这种比三角函数还艰难的问题，你想它干吗？一辈子也不会有答案。好吧，或许你终会找到答案，当你为此困扰、烦恼尽一生时。

"情人节哪里过？""不就吃吃大餐嘛！不然就买个他喜欢的礼物，这么简单！"

这种简单的问题才是累积我们生活的小砖头，每次都轻松过关，简单处理，生活哪里有乐趣呢？我喜欢在距离情人节还遥远时就开始和另一半讨论，去哪里吃大餐？喜欢吃什么？通常我们会连续几天讨论餐厅，不断变更想订位的地点。持续的讨论让我们保持话题，睡前两人躺在床上，凑在一起研究美食，耐力不够看到肚子饿，第二天忍不住先去吃了大餐。往往在情人节之前，我们已经吃了好几顿。有时我们想来点新花样庆祝，计划出国玩一趟，研究起别人博客上的旅游照片，幻想着两人摆脱工作出国玩，开开心心地手牵手睡觉。第二天回到现实，发现工作怎么都做不完，根本不可能出国玩，于是忍不住订了民宿，满足小小的愿望。有时，我们从情人节大餐聊到最近的生活感触，八卦朋友的问题，交换平日没机会表达的内心感受。

看吧，简单的事，一点都不简单，用复杂一点的方式去思考，能衍生出无限乐趣。

谁说幸福很难？别被自己的想法给框住了，继续对爱情保持开放的心胸，让态度与念头弹性转换，不偏执迷信自己够不到幸福，不拿困难的事困扰自己，专注过好眼前的每一天，幸福根本就不难。

因为幸福是不断自我锻炼的过程,也是生活累积的结果,不是神话。

私房秘语:人往往不是被爱阻碍,而是被自己的念头阻碍。

133　抬头爱我!

"总算活过来了!"坐在巴厘岛号称六星级的饭店餐厅,享受一顿从早上七点吃到十一点的早餐,我这才觉得前阵子累趴的艰辛工作是有意义的,为了享受短暂几天的度假,我们花大部分时间努力工作赚钱。

饭店果然不同凡响,淌血的荷包就暂时当作没看见吧!我和老公难得有机会把时间花在好好吃饭上,这饭店的套装行程早餐、下午茶、晚餐全包,全是自助式和无限单点,每餐都可以吃很久。周遭的房客应该都跟我们买一样的套装,每餐吃饭都会看到相同的人。

热情浪漫的巴厘岛的确很适合情人,只见每桌都是双双对,奇怪,为什么气氛这么好的餐厅,会有落单的男人呢?不对,他对面明明坐着一个女人,两人盘踞半圆形的大沙发,一人一头,两人中间可以再坐四五个人,距离很远,难怪我误以为男人落单。男人穿着恶搞T恤,长得不错,女人在这时候抬头,往我的方向看了一眼,皮肤有点黑,腿型很美。

我突然记起昨天他俩是坐在另一个半圆形沙发,一顿饭吃下来两三个钟头,似乎都没交谈。别怪我八卦,吃饭吃这么久,当然会东看西看,我和老公还猜测十点钟方向那对欧美情侣一定在搞外遇。

我仔细观察,T恤男和美腿女两人各自低头,对着手机有时一脸认真,有时微笑,但都没有抬头。

"他们真的认识吗?"我问老公,"会不会是并桌?"

我和老公好奇心大起,继续注意这对男女,猜测他俩的关系。

三个钟头过去了,由于完全缺乏互动,我们几乎要下结论说是并桌。

这时T恤男靠了过去,把手环住美腿女的肩,美腿女的手放在他大腿上。

"猜错了,真的是情侣。但是来度假干吗还坐那么远,各自盯着手机?不是很浪费钱吗?"老公实事求是地说。

不知道从什么时候开始,大家不管到哪里去,第一个反应就是跟网友报备,去哪里?吃什么?跟谁去?大家不但翔实报告,还有图有真相。即便和情人吃顿浪漫大餐,一进餐厅两人都忙着拍照,不是合照哦,是各自拿着手机东照西照。一上菜,同样动作,两人也是各自拍照,上传微信、微博,等等。浪漫的时间里,情人各自低头,手指忙着在手机上滑动、点击。碰触手机屏幕的时间和次数,远远超过彼此碰触。

这还算好的,更可怜的是一人低头用手机,另一人无聊地吃饭。让人更加怀疑这对情侣真的认识吗?

"爱我请抬头,看看我,别再看手机了!是我坐在你对面跟你一起吃饭，不是你的网友！"老公刚开始用智能手机时，我曾对他这么说。

不过后来，当我也用了智能手机，我也开始低头了。幸好，我们常是共同看一支手机，边看边聊。

> 私房秘语：智能型手机应该发明一个"情人模式"，情侣只要在一起，就无法连上网。

134 给永不放弃的你

"那她到底有什么优点？凭什么最后男主角为什么会爱上她？"

"因为她永不放弃啊！"

顾不得维持气质美女的形象，我翻白眼了！正在开剧本会议，讨论男女主角的感情线，却听见有人冒出"永不放弃才能赢得真爱"这鬼论调。

"请容我提醒大家，我们的观众族群是成年女子，不是包尿布的幼儿园小朋友，这跟鼓励小朋友参加赛跑要跑到结束，不要随便放弃是不同的！'永不放弃'这四个字或许能用在培养小朋友的体育精神，却不能用在感情上！"我一口气说完，却换来满屋子不赞同的眼光。

好吧，这是一个鼓励大家凡事要灵机应变，不要太固执，不懂得转弯，却在爱情上鼓吹从一而终，不要半途而废的时代，我这种想法算是异类。事实上我们身边在感情上执着，永不放弃的例子，真的幸福快乐的有几个？

丈夫出轨成性，妻子因为不想放弃婚姻，过着两人同床却更寂寞的日子，夫妻俩形同陌路，彼此束缚。这样叫不放弃，还是不懂得放手？

追不到正妹的宅男，相信坚持到底就能让正妹感动，每天发无数信息，正妹没回也没关系，不管需要多久时间，撑到底就是你的，总有一天打动她！这算是骚扰吧？

男友没有结婚的打算，渴望结婚的你还是想继续努力看看，或许只要不放弃努力，总有一天他能理解值得牵手一生的人是你。这样的坚持是不放弃，还是不甘心？

在爱情中永不放弃的你，一定以为自己正在前往真爱的路上，怀抱满腔热血，愿意自我牺牲，相信只要努力再努力，等待再等待，总有一天能苦尽甘来，赢得真爱。这种例子并不是没发生过，却是奇迹般罕见。

就像偶像剧里的女主角，如果只是那股永不放弃的傻劲打动了男主角，两人在一起之后要怎么办？男主角受到她什么优点持续吸引呢？还爱她什么呢？难道等男主角出轨，她再"永不放弃"地等他回头，证明自己仍有优点？

如果对方爱你只因为你坚持到底，想不出其他理由，他／她真的爱你吗？这个相爱的理由跟"你唯一的优点是爱我"一样荒谬！

对于一段彼此折磨的感情，对于一个苦追不到的对象，你穷追猛打，毫不放弃，源源不断的付出的确很壮烈、很灿烂、很有戏……但这不是自我放弃吗？放弃你自己的人生，去当别人人生的配角；放弃自己的快乐，还归咎于对方不肯接纳你的爱；放弃自己生活的主导权，当一个等待别人选择的寄生虫……我实在想不出比这更愚笨的事了。

> 私房秘语：懂得适时放弃，找寻另一片天空，更容易得到幸福。

135 从女神变女佣

"到男朋友家里吃饭，千万不要洗碗！吃完饭，拍拍屁股，客客气气地跟男友爸妈说声谢谢招待就够了。要跟他们一起坐在客厅看电视，不要装贤惠收拾碗筷，一个人躲到后面厨房洗碗。"

Agnes 的妈耳提面命，要她到人家家里别随便洗碗，"女人没嫁过去之前都是客人，不要自贬身价了！"我们几个姐妹听了都觉得好笑，Agnes 不只洗碗，连男朋友的内衣裤也帮忙洗，不敢给她妈知道。

"那我问你，你没在男友爸妈面前装乖，洗过碗吗？"Agnes 反问我。

"当然有！不过只在他爸妈面前洗。"我老实说。

我明白 Agnes 的难题，初次见面到男友家里，总不好装出一副娇滴滴大小姐的样子。即便在家连开水都没烧过，也要到厨房帮未来婆婆的忙，让未来婆婆投你一票，认为你是个乖巧的好媳妇人选。

"要是真像我妈教的那样，到别人家做客什么都不帮忙，只会坐在客厅嗑瓜子，吃饱饭拍拍屁股就想闪，怎么能留给人家好印象呢？别说结婚，可能都反对我们交往了！" Agnes 为难地说。

她说得有道理，我也认为适度扮乖，讨男友爸妈欢心是必要的社交技巧，但 Agnes 未免做得过火了！每次吃饭独自收拾洗碗，男友的大嫂、二嫂坐在客厅看电视；每个周末陪男友的妈去市场大采购，男友在家跷二郎腿吹冷气；每周到男友的小公寓拖地打扫、洗衣服、烫衬衫，男友坐在书房打游戏……还没嫁就已经变女佣了！

"我这是爱他，他都懂的。" Agnes 一脸甜蜜。

"他多久没送你礼物？陪你逛街？带你上好餐厅吃大餐了？"我问。

Agnes 皱眉，开始回想，我抓起她的手，看着她的表计时。

十、二十、三十秒了。

"好像是上个月吧？还是上上个月……" Agnes 迟疑。

一分钟过了。

"我有点忘了，好像是我生日那时候吧！对，我生日那时！" Agnes 笑着回答，企图证明她的男友有多懂她。

"你生日已经是半年前的事了。"我没好气地说。

"那又怎样？"

"你会带用人去吃浪漫大餐吗？"我看着 Agnes。

很多女人都这样，母性强烈，爱一个男人就想照顾他，却忽略了这样的行为缩短了爱情的保鲜期，把自己快速从女神变女佣。

"哪会？我照顾他的生活起居，他很开心。"Agnes 反驳我。

他当然开心啊，谈个恋爱多个女佣使唤，不，不必使唤就会自动做好一切，多省事！但你有注意到你跪在地上擦地板的时候，他在干什么吗？是盯着你看，觉得你超爱他？抹地的你超有吸引力？还是盯着球赛，只有在你擦到他的脚下时会移开脚，眼睛还没离开电视？

当你抱怨男人不再把你当女神疼爱、崇拜时，不妨回想是不是你太习惯照顾他，为他做好一切，自动自发地成为他的专属女佣了？

> **私房秘语**：在爱情里没有谁该当谁的服务人员！

136　爱情焦虑症

"你难道不担心你老公不会永远对你这么好？现在你还年轻，他爱你，要是你人老珠黄，他不会移情别恋，爱上小美眉吗？"Linda 那张利嘴果然讲不出什么好话，两年没见，看到我她还是找茬。

"我不是要咒你，我是想得比较多。眼前的好不代表永远好，男人都一样，说变心就变心！"Linda 忧心忡忡地说。

· 263

你可能会以为 Linda 孤单单没人爱，才会这么偏激，其实她感情幸福平稳，男友对她好得不得了，交往多年，她却不敢结婚，原因是怕结了婚，男人就不珍惜了。

"我担心的可多了，要是我们结婚后婆媳出问题，或是他和我家人合不来怎么办？万一有了小孩，该担心的问题更多了……" Linda 的眉头都皱成两座山了，看来她真的想很多。

"我们女人天生就是想得比较多嘛，唉，想太多的人就辛苦。" Linda 叹了一口气。

其实我也是属于想太多，常担心东担心西的人，想到停不下来，晚上很难睡。工作上如此，感情上也不例外。一段感情开始之前，我会担心他对我真的有好感吗，会不会是我的错觉？好不容易确定彼此心意，我会担心我们个性会不会不和，真的能在一起吗？好不容易在一起之后，我会担心这份感情能持续到何时？会有好结果吗？他会不会伤了我的心？我该付出全部的感情吗？分手后，我还会担心他过得好吗？我是不是伤了他？担心以后我不能找到比他更爱我的人！

爱情里可以担心的事好多，比工作更多，因为工作上的忧虑可以借由理性的推论、分析，得出可能性，拟出应变策略。万一担心的事成真，也能设立停损点，快速计算损失数值。爱情却没有数字可以分析，没有策略能推演，人的情绪不断变动，两人的关系每日都可能发生巨变……真的太恐怖了！

所以我们不断担忧，问自己、问朋友、问情人——"你还爱我吗？""你有多爱我？""你会爱我一辈子吗？"然而这些忧虑却无法降低你的不安全感，我们愈是担心，愈无法相信爱情，愈来愈不快乐，几乎要被自己的担忧击垮。

于是几年前，我决定停止忧虑，做一个在爱情上想得少的人。

我不再花大把时间想象未来，担心的事从一辈子缩短成这个月、这星期、这一天。"他会爱我吗？这个月。""我们能不吵架，好好相处吗？今天。"我把每件事加上一个较短的日期备注，事情变简单了！

我能确定他今天很爱我，没有变心！好开心！我能确定这个星期我们过得很棒，完全没吵架！我把我们的爱情切成无数个小小的单位，尽力过好每个小单位，不再烦恼一辈子。我的爱情焦虑症也逐渐治愈了。

私房秘语：过度忧虑只会让你变成一个讨人厌的女人，没有男人喜欢跟一天到晚皱眉的女人出门。

137　分手后的算术

"既然相爱，何必分你的我的？我的就是你的，你的就是我的！"如果你像 Kelly 一样抱持着这种观点，我必须警告你，Kelly 现在除了白天上班，晚上还兼了两份差，因为要还钱给前男友。

几个月前，Kelly 和相恋多年的男友打算结婚，男友提议买个靠近他上班地点的房子，两人凑钱付了头期款后，Kelly 却发现男友劈腿了！这下婚结不成，男友变成"前男友"。

"我要换工作了，这房子离我新公司太远，留给你吧！"一开始前男友大方又干脆，八成是内疚，觉得自己错在先，不跟 Kelly 计较，把房子留给她。

Kelly 开始负担沉重的房贷。当时买房子的时候，预计会有两份薪水一起付，现在剩下她一人，每个月要缴的金额变得吃力。Kelly 只好开始兼了第一份差。

"既然房子是你住，也登记在你名下，我们又已经分手了，不如切干净，对彼此比较好。之前我付的首付款请你还给我！"前男友的说法听起来蛮有道理的，Kelly 无法拒绝，但她怎么想都觉得怪怪的。

"你把积蓄全丢进房子的头期款了，手边应该也没钱，我帮你算好了，你分期付款，每个月还我六千块，让你分六年慢慢还，够义气吧！"

"每个月六千块？再加上房贷，我的薪水怎么够？我喝西北风啊？"Kelly 大吃一惊。

"不然你一次还我，四十多万块，你拿得出来吗？"

"房子是你说要买的！又不是我！为什么现在房贷的压力全在我身上？我还要还你钱？"Kelly 不平，"要不是你说结婚还是有自己的房子比较好，要不是你喜欢这栋大楼，我才不会买这间烂房子呢！扣掉公摊，那么小，又那么贵！"Kelly 愈说愈气。

"等等，我可没占你便宜哦，把钱算得清清楚楚，一块钱都没骗你，你自己把计算器拿出来验算。"前男友一脸正气。

"我现在一想到他，满脑子都是他有多可恶，根本不记得他有没有对我好过？甚至后悔我为什么会爱上他！"Kelly 愤恨地说。

相爱的人数学都不好，你我不分，我的钱就是你的钱，就算被占便宜也没关系；然而只要一分手，算术忽然变得灵光，你的、我的、谁的钱？算得一清二楚。如果你也是一个数学不好的人，请在不分你我（的钱）之前，在掏出银行卡之前，确认万一发生什么意外，自己是否能承担？毕竟每个人在分手之后的算术能力，都远比当初相爱的时候优异。

私房秘语：分手是最能考验一个男人风度的时候。

138 你，比你想象的更值得被爱！

你觉得自己漂亮吗？别人眼中的你看起来如何？

最近社交软件疯传一支广告片，一个知名女性产品做了一个实验：请来一位受过社交软件 I 训练，在警局服务十多年的素描师 Gil Zamora，以及七名年龄、长相、背景各异的女性。根据这些女性的自我描述，Gil Zamora 画出她们的素描。不管素描前后，Gil Zamora 都没见过这些女性。每当画完一位女性，Gil Zamora 会根据另一位亲眼见过这名女性的人"对这名女性的描述"，再做一次素描。

实验的结果是——根据七名女性自我描述所画出的素描，远远比别人对她们的描述还要难看！当 Gil Zamora 把两张素描并排，让被画的女性观看，大家的表情都很相似，讶异中有感动——没想到在别人眼中，自己看起来并不差。

女人总爱自我挑剔，尤其是外表，老是认为自己不够漂亮，关注的焦点永远是自己的缺点，却没想到在别人眼中，看到的、记住的，是自己的优点。这一点我也深有感触，每当一群女人一起拍照，总有人会喊说："我先看看拍得好不好！"然后对着照片挑三拣四，"哎哟，我的脸怎么那么大！""怎么把我拍得这么难看？""干吗拍我的下半身，看起来好胖。""你们都好上相，不像我……"

老实说，我也是其中之一，每次拍完照，注意的都是自己哪里不好看，虽然别人说我上相，说我看起来一点都不胖，自己还是嫌来嫌去，挑出自己糟的那一点，不断放大，把别人的赞美当安抚，认为自己就是不够漂亮。

不只外表，我觉得爱情上也一样。很多女人觉得自己不值得被爱，因为认为自己不够好……"男人不都是喜欢美女吗？我又不是很漂亮，化了妆还可以，卸妆后真的不行，有天他一定会爱上比我漂亮的女人。""我不够温柔，天生大大咧咧，他现在说欣赏我的个性，但是，哪个男人不爱温柔的女人，以后他一定会嫌我的！"很多女人像这样，担心自己输给别人，无法让男人爱她很久很久，对爱情没有安全感。

"我长得很普通，身材也不好，不会有男人追我的啦！"更多女人对自己的魅力缺乏自信，认为自己天生平凡，吸引不了注意。

"我条件差，年纪又不小了，现在他不要我了，我这辈子恐怕再也没有机会谈恋爱。"不少女人则是对男人的抛弃感到绝望，因为相信自己不会再有人要了。

事实上，不管你条件如何，只要愿意付出，你就有资格被爱，因为爱情是彼此付出，而非每天坐下来面对面，互相观赏。珍惜你的优点，好好发挥，那是对方爱你的原因，不要死抓住你的缺点不放，每天挂在嘴上，不断提醒对方你有多差。相信我，讲多了，任谁都会开始忽略你的优点，注意起你那些不断自我放大的小缺点。

> **私房秘语**：你比你想象的还要漂亮，也比你自己认为的更值得被爱。

139　开放式婚姻

"我和威尔结婚这16年，过得的确是开放式婚姻！这也是我们婚姻能维持这么长久的原因……"我偷瞄到老公正在看的新闻，全身的汗毛顿时竖起。

好莱坞巨星威尔·史密斯的老婆贾达亲口承认，他们夫妻俩彼此都有找其他伴侣的自由，互不干涉。"……人生苦短，在婚姻里假装，实在太浪费时间，也太痛苦啦！"报上刊载了贾达的话。

"你也对开放式婚姻感兴趣吗？"忍了一天，临睡前我问了老公。

"那你呢？"老公奸诈地反问我。

老实说，我个人也认同婚姻该是开放型，而非封闭型。更明确点定义，我从不认为一段感情必须把两个人绑住，若是所谓爱情是你因爱一个人就活该被束缚，必须为对方牺牲，割舍掉所有你喜欢但对方讨厌的事，那实在有碍健康，这种关系不可能长久。更具体点说，爱一个人却让你觉得不自由，常有被困住的感觉，这种恋爱撑不了太久。

我是一个极端讨厌被限制、被指挥的人，过去的恋爱史极度失败，最大原因就是爱情妨碍了自由，常让我无法呼吸。只要看我讲电话，就会问是谁打来的？男生还是女生？只要我出门，就会问是跟男性还是女性朋友？一对一单独见面还是一群人？只要我穿得漂亮点就怀疑我到底跟谁出去？这种男人令我厌烦！难道我答应跟你交往就等于甘愿被你套住，喜好都要迎合你，连交朋友的自由都没有？

偏偏，身边的姊妹交往的男人也多半是这种，姊妹会因为男朋友不高兴，就不跟其他男人见面了……因为男朋友会吃醋，会怀疑，就不再交男性朋友了……难道全世界的男人都这样？

遇上老公之后，我才开始改观。看我讲电话，他从不问我是男是女？我想做什么，即使他不喜欢也会支持。看我沉迷工作，没时间陪他，他也不会抱怨。

"你觉得我短发好看，还是长发？"在一起这么多年，我问过无数次这个问题，他的答案从未变过——"你喜欢就好！"

这回答听起来没什么，对我来说却浪漫至极，从来不曾有人让我这么自在地做自己，不把他的喜好强加在我身上，包容我的每一个决定。

当然，我也是有良心的，对他的自由意志，我也给予尊重，不强迫他跟我拥有同样的想法，不试图左右他成为我想要的男人。我想，这是我们交往多年，历经婚姻考验后，还能开开心心谈恋爱的原因。

爱和婚姻都该是开放型，我是我自己，这是我的第一个身份，第二个身份才是你的伴侣。然而，对于开放"性"婚姻，我敬谢不敏。

> **私房秘语：能自由呼吸的爱情才健康，长生不死。**

140　以交往为前提

"生日快乐！"阿克对着蛋糕闭上眼睛，不用猜，一定跟去年一样，许下今年一定要交到女朋友的愿望。

三十岁，身高178厘米，有正当职业，办事牢靠，善良孝顺，个性随和没怪癖，各方面条件都不差，长相虽称不上多帅气，但稍微 PS 一下还蛮像玉木宏的，这样一个男人怎么会交不到女朋友呢？这实在是个比美元汇率走势还复杂的问题，每次聚在一起，大家都争相讨论，始终没有结论。

"其实，我最近被一个女生倒追……"阿克一开口，大家精神都来了，纷纷追问。

"我去便利商店买卫生纸时，忽然遇到一个女生，跟我搭讪。"阿克说，两人在便利商店门口聊了半个多小时，忽然下雨了。

"然后呢？你送她回家吗？"

"没有，我跟她说我没带雨伞，要赶快冲回家。"阿克说。

大家发出一声失望的叹息。

"后来她加我微信，约我去看米开朗基罗展。"

大家再度燃起希望："你去了吗？"

阿克摇头。

"她长得很丑吗？"我问。

阿克拿出手机，连上那女生的微信，让我们看照片。

"你疯了？长得这么可爱，为什么不跟她出去？"

"她不是我喜欢的类型。"阿克说。

"你又没交过女朋友，怎么会知道什么样的女生是你喜欢的类型？"我差点忍不住扒拉阿克的头。

"我当然知道。"阿克一脸笃定，反问我既然不是喜欢的类型，干吗要浪费时间？

"就当交朋友，出来喝喝咖啡不行吗？"

"如果对她没意思，又答应出来见面，会给人家错误的信息，让她有不必要的期望，到时候岂不是更失望？"阿克一副为人着想的善良模样。

我茅塞顿开，终于明白阿克三十岁还交不到半个女朋友的原因。

"你是不是认为谈恋爱要以结婚为前提？"我问。

"那当然。"阿克答。

"交朋友也以交往为前提啰？"我又问。

阿克摇头："没有啊，如果是男生……"

我打断他："如果是男生，出来喝咖啡、看电影，你都会答应？"

"是啊，反正交朋友嘛，无所谓……"阿克说。

"那为什么跟女生，就不能出来纯粹喝咖啡、看电影？"

阿克卡住，答不出来。

"看吧，你明明就是以交往为前提在交朋友！这样怎么可能交得到女朋友？"我指出。

如果每次认识异性朋友，你就把理想情人的框框往她（他）身上套，不符合标准就淘汰，根本不给自己进一步认识对方的机会，

273

只会离爱情愈来愈远。或许你以为这样叫作有效率，不把时间浪费在错误的对象身上，然而，所谓爱情其实是你必须要浪费大把时间，才能找到不让你浪费时间的人。

> 私房秘语：欲速则不达，千万别以交往为前提交朋友，别以结婚为前提谈恋爱。

141　他活该爱你?

每次在社交软件贴文都很容易引发连环分手事件，莫名其妙成了"凶手"。其实我也不过是贴贴最近吃了什么、买了什么等生活琐事，却常会有网友因此而质问她的男友或老公，为什么没有对她们这么好？到底爱不爱她们？

在现实生活里，也有很多朋友问："为什么你老公对你这么好？"

老实说，我觉得绝大多数女人认为"男人对女人好，天经地义"是最大的问题。女人们追问的是："难道你就不能再对我好一点吗？""我同事的男朋友每天都去接她下班，你为什么不能学学她男友？""我妹的男友送她 Tiffany 项链当情人节礼物，你却送个地摊货打发我，你为什么不能像别人的男友那样对我好呢？""我总是付出比较多的那一方，好不公平！你就不能再更爱我一些吗？"

嘿，凭什么他要对你好呢？他活该欠你吗？

你可能会回答："因为我对他很好啊，爱情是彼此付出，他当然也要像我对他好那样地对我。"

然而我认为——他妈对他付出好多，但他对他妈有多好呢？换句话说，你妈样样对你好，但你有"你妈对你那样的"对你妈好吗？哎，自己都做不到了，你好意思要求他？

你可能还会回答："因为他爱我啊，当然要对我好！"

然而我认为，他固然爱你，但要对你多好？要用什么样的方式对你好？是他决定的。如果不满意，认为他做得不够，你大可以选择不要跟他在一起，而不是不断要求他达到你的标准。说白点，他活该欠你吗？还是爱上你就该听你摆布，当你的男佣，谁叫他活该爱你？

爱是付出，不是要求。他对你好，不是应该的，而是他愿意去做的。每一次接你下班，你都该感谢他对你好，而不是认为这是他理所当然该做的，更不该认为他没接你下班就是对你不好，就是不爱你。当你能够把他的每一次付出，当作感谢，让他知道你有多谢谢他对你好，让他知道他的特殊待遇让你觉得多么幸运，让你多么开心，而不是在他耳边叨念你要对我再好一点。相信我，他绝对会对你愈来愈好。

现在知道我老公为什么对我好了吧？我从来不觉得他对我好是应该的，是他的责任，是他的义务，而是他自己选择的权利。

私房秘语：你是否曾衷心感谢另一半：谢谢你爱我？

142　最心动 ≠ 最合适

无意间在社交软件上看到一段让我停下来思考的短句，写得那样好，让我忍不住看了又看，正好奇是谁写的，却发现是从"某人"那儿转发分享来的。这个某人，曾经令我心动不已，事隔多年，他依然有那样的能力，即便只是写几个字，就能轻易打动我。

晚上，我跟老公提起"某人"，老公静静地听我说，没有表示意见。我不善说谎，却是个善于隐藏想法的人，并不习惯把自己的情绪赤裸裸地表达给全世界知道，常常生气了也看不出来，被得罪了还说没关系，明明想发作却说不出口，只能把一切闷在心里。唯有在老公面前，我不隐藏，撕掉那层隐形面具，不管是令我心动的男人还是性幻想，我都会一五一十地说给老公听。这种完全的坦白与诚实，对别的爱侣来说很可能成为分手导火线，对我们而言却是感情的黏着剂。或许我们经过长久的锻炼，已经能理解并接受自己并非对方的全部，但我们渴望并努力分享全部。

曾有个朋友问："你们两人居然能分享这种事，难道你不怕你老公生气？"

我不怕。我对他有信心，他并非气量狭小、会莫名其妙吃飞醋的男人；我也对自己有信心，我并非别人一撩拨就冲动行事的女人；更对我们的感情有信心，我们绝非无法坦诚相对，必须小心翼翼地说些甜蜜谎言来粉饰太平的关系。

我总是诚实地跟老公说:"在我之后,你还是会遇到令你心动的女人,但不会遇到比我更适合你的女人了。"

我也相信,最心动不等于最合适。曾经,纯真仗义的男人让我心动;曾经,文采风流的男人让我心动;曾经,在我家楼下站了整晚,为我写歌的男人让我心动;曾经,默默陪在我身边,不要求任何回报的男人让我心动……可惜的是这些令我心动的男人,都不是适合跟我生活一辈子的对象;可惜的是我终究是个现实主义者,渴望的爱不只相知,还要相守。

人一辈子心动的对象可能不少,偶然的默契,浪漫的缘分,不经意的相视而笑,都可能让你怦然心动。然而,能跟你日日相处,忍受你丑陋的睡姿、阴晴不定的生理期、啰唆的爸妈、忽大忽小的自尊心……这样的对象一定不多。大多数人都把心动与合适这两项搞混了,好不容易遇到合适的对象,却认为他不是让你最心动的那个人;遇到让你最心动的男人,又觉得他根本不适合当一个丈夫……不断在这两者间挣扎,无法兼顾。

我认为这就叫贪婪。人的一生中会遇到很多让你心动的人,你不可能每一个都去爱,都去占为己有,都妄想终生厮守。若是你追求的只是片刻爱的感觉,那么,就不要企求永恒和忠诚。如果你想要的不只是短暂浪漫,或许,该调整你的认知,在让你心动的对象中,找出最适合你的人。这并非退而求其次的选择,而是最明智的行动。

私房秘语:在决定去爱之前,请先搞清楚你想找的是最心动?还是最合适?

143　医美美不了爱情

许久不见的姊妹淘 Melisa 去垫了下巴和缩鼻子，让人差点认不出来。

"痛吗？"我捏捏她的新下巴。

"再痛也要忍！不经一番寒彻骨，焉得如意金龟婿！"Melisa 一脸坚决。

"这话怎说？我以为你大改造的原因是想进演艺圈？"我问。

Melisa 认为女人要有本钱，才能找到更好的对象，这所谓的本钱就是身体，脸蛋要美，身材要辣，除此之外还要会包装，穿着打扮不能省，随时随地都要保持美丽性感。

"要维持最佳卖相是吗？"我问。

"没错！天底下女人这么多，如果卖相不好，怎么吸引好男人？"Melisa 说，所以花钱打扮、做医美，都是对自己的一种投资，让自己看起来更有吸引力，才能找到更好的对象。

"那你所谓的好对象、好男人是指有钱的男人？"我问。

"拜托，我可没那么肤浅！男人有钱固然好，但其他的条件也很重要，要对我好，温柔体贴，要爱我，也要对我爸妈好，还要对我忠贞，不能见一个爱一个，更重要的是要积极进取，要乐观向上……"Melisa 讲了一堆。

我有点搞不懂她的逻辑："你的意思是说一个男人好不好，不能只看外在条件，内在也很重要？"

"当然啦！一般脑袋正常，有念过书的女人都会这么想好不好？"Melisa 白了我一眼。

"这点我也认同，那你觉得男人的智商比女人低啰？"我问，"他们只在乎你的鼻子高不高？腿长不长？五官看起来像少女时代的润娥？"

"也不是这么说，但是，大家都知道男人是下半身思考，美女总是有比较多的机会嘛！"Melisa 反驳。

"那你想吸引一个下半身思考，但上半身不会思考的男人？"我更迷惑了，"这样的男人就是你所谓的好对象？"

我不反对医美，也赞成女人有权利让自己看起来更美，不管是为了别人或自己。然而，如果你以为男人会因为你的鼻子长得像润娥而爱你、疼你，对你爸妈好，对你忠贞不贰，想跟你牵手走一辈子……这位小姐，请问你小学有毕业吗？

> **私房秘语**：千万不要认为美丽就能带来幸福！医美能美化你的脸，却美化不了爱情。

144 爱,要能相依!

吹蜡烛时,大家鼓噪我许愿——"要你老公爱你一辈子!"
我笑了,没许下这个愿望。

相恋多年,一转眼老公陪我度过十多个生日了。这是第一次,没有豪华的生日大餐,没有指定礼物,中午就在附近的小咖啡店吃饭。老板夫妇原本休假,特地为熟客开门,我们两对夫妻,喝着红酒,随意聊天。老板夫妇爱斗嘴,互相取笑对方,看起来像在挑对方毛病,其实玩笑都开在对方身上,明显地眼中只有彼此。

我忽然感觉到,所谓的幸福就是这样吧:身边有个熟知你个性的人,知道你听到什么话会生气,知道你怎样会开心,即使知道你有一堆缺点,依然把眼光集中在你身上,关注你,只关注你。即使身边有更美、更年轻的女人,他依然只开你玩笑!

我想起另一对感情深厚的朋友,夫妻俩都极富个性,老婆偶尔会抱怨老公做什么事都要她陪着,不侍候他都不行!老公不在身边的时候,她却老是把老公挂在嘴上——"我老公也是这样!""我老公遇到这种事,一定会说怎样怎样……"

关于爱与幸福,每个人都有属于自己的定义。有的人追求挑战,有的人渴望肯定,有的人想要永恒的承诺,有的人希望稳定的安全感。而我以为,最纯粹的爱情就是相依。

不管眼前是顺境逆境,不管你的状况是好是坏,她(他)都能相伴相依，不离不弃。这远比热情的眼神、贵重的礼物、狂热的崇拜甚或激烈的性欲更加难得，因为这不是一时的爱，不是短时间的付出，需要持续不断地努力与经营。

当两人能相依走过一次又一次的低潮，感情自然会累积到一定的厚度，培养出一种默契，即使在黑暗中，也会摸索着彼此的手，因为早已习惯手牵着手才能往前，互相陪伴才有力量。彼此的互动已成为呼吸般自然，视线离不开对方。

我没许下要老公爱我一辈子的生日愿望，因为我知道，这个愿望一定会实现。我看着老公专注开车的侧脸，他习惯性地伸出右手让我牵。爱，就会相依；能相依表示真的爱，我这么定义。

> 私房秘语：一时炽热的爱虽然很美，却敌不过每日不断加温的感情。

145　耳根子太软，严禁恋爱！

"人家都说远距离恋爱不长久，怎么办？"Nikkie和男友分隔两地，相隔15小时，她担心异地恋会无疾而终。

教会的某姊妹告诉她，铁定完蛋，要她先喊停，免得被甩。"男人都这样，一旦看不到便管不着，嘴巴说着想你，手却搂着别的女人"。

大学同学跟她分享亲身体验，远距离恋爱注定没好下场，当初她跟她前男友也是隔着一大片海洋相爱，爱得要死的结果却是渐行渐远，"终究败给了距离"。

前同事也给Nikkie意见："遥远的不是身体的距离，是心的距离。因为无法同步分享，无法见面，充满了强烈的不安全感，一点小事都能争吵，关系慢慢变质，愈爱愈痛苦，到最后只能分手！"

Nikkie每听了一个人的说法，就跑来问我："以飞，真的是这样吗？"

我能说是假的吗？那些都是她身边亲朋好友的亲身经历，我能说是瞎编的吗？

问题是真的又如何？不管是教会的姊妹、大学同学还是前同事，大家都是为了Nikkie好，热心地想给她意见。当然，也可能是Nikkie自己很需要别人的意见，不断请教身边的每个人，希望能够综合大家的意见，得出一个答案。但他人的经验终究是他人的，每个人的状况不同，选择不同，做法不同，怎可能会有相同的结果？

重点是爱情是数学吗？还是科学实验？需要够多的样本数才能统计分析，得出最接近的答案？

荒谬的是会有答案吗？你真以为谈恋爱会像念书一样，会有老师最后公布正确答案吗？你只要把答案背起来就能过关？照着正确答案做就能找到幸福？

我无语了。人云亦云，吠声吠影，耳根子太软，一下子就被洗脑，完全没有自己的见解……哎，不管是不是远距离，我都能预言这段恋爱不会有好结果！

如果你无法自行判断该不该继续爱这个人，只会跟着别人的意见走，表示你尚未拥有恋爱的资格，应该要在身上挂个牌子——严禁恋爱。

好笑吗？一点也不。一个无法判断车子要怎么开，要往哪边开，开车的时候还需要别人坐在旁边指挥的人，你认为他（她）有资格取得驾照吗？

> **私房秘语**：别人只会出一张嘴，却不会为你的爱情负责。

146　长发、老师、皮肤白

主持相亲节目多年的广播主持人聊起男人难以抗拒的三大要素，一是长发，二是老师，三是皮肤白皙。"只要说今天的来宾是长头发，就一定会有个基本量，如果她的职业恰好是老师，尤其是幼儿园老师，那电话就接不完了！要是再加上皮肤白，电话一定满线，一大堆男性听众等候！"

我听了心一冷，这三个条件我都没有，幸好我已经嫁了，不然上相亲节目还乏人问津。

我跟主持人讨论起为什么男人对这三个条件难以抗拒？长头发感觉很有女人味吧，老师则是很有爱心，那皮肤白皙是……感觉很漂亮吗？我不解。

"女人也有难以抗拒的三大要素。"主持人接着说，"高个子、有钱、把钱交给女人管。"高个子的男人至少有及格分数，有钱就不必说了，经济条件好当然有吸引力，至于把钱全交给女人，表示他疼女人。只要这三种条件集于一身，电话一定爆满。

"如果是矮个子的有钱男人呢？"我问。

"电话就会少一点。"主持人凭她丰富的经验老实说。

"如果个子矮、没钱，又不肯把薪水全交出来，就没戏了？"

"嗯，不会有太多人对他感兴趣……"主持人语带遗憾。

天啊！我相当震惊，原来大多数人设定理想情人的标准是这样，皮肤白不白？个子高不高？这什么逻辑？

难道皮肤黑的女人就不是好对象？没当老师就不会是好老婆？短头发就没女人味？矮个子的男人不能给女人幸福？算不上富有的男人就不是好对象？不愿把薪水全数缴出，拿去投资理财或储蓄的男人不会是好老公？

太可笑了！

想想我家老公，高吗？还好，173厘米，普通身高而已。有钱吗？刚在一起时，他只领着普通薪水，后来转换跑道，收入还一度大幅往下掉。把钱交给我管？刚好相反，是我的钱全归他管，我身上常一块钱都没有。那他是好老公吗？答案绝对是肯定的，对我好，包容我，尊重我，乐于沟通，感情专一，成熟可靠……还好当初他没去上相亲节目，否则就糗了。

我并非反对每个人有选择情人的标准，只是，这些标准是帮助你删去了那些不合适的对象，还是删掉了那些可能适合你的人？这些外在的标准真的比他的个性重要吗？你是跟她的长头发谈恋爱，还是跟她这个人谈恋爱？你在乎的究竟是他的本质，还是他的身高几厘米？如果你真的看重外在甚于内在，我必须说，这就是你为什么单身！

因为，你没有准备好一个合格的自己！

> **私房秘语**：拿掉这些外在的条件，才能真正想清楚你要的是个什么样的人。

147　电扇控与购书狂

　　一走进大卖场,老公就不行了,双脚被黏住似的,定在电扇区。我计划好的安全路线图全被打乱,炎夏到了,电扇做特价促销,集中在大卖场入口,我根本来不及拉开老公。

　　老公总说他不喜欢逛街,却可以在计算机和电器这两类卖场待上大半天,电扇尤其是他的死穴,只要一看到就情不自禁靠近,开始研究起功率、几段风速、有几片扇叶、是否静音、直流还是交流马达……说真的,这些有那么重要吗?

　　"当然重要!睡觉用的电扇,风速要小,要静音不吵,还要有遥控器,才不用爬起来开开关关,跟客厅用的不一样!"老公还想继续解释不同的扇叶种类吹出来的风不同,我已经头痛了。

　　这位电扇控先生,坚持卧室要有一台睡觉用的电扇,书房要有一台,座位旁边还要有台迷你尺寸的,专门吹他的脸,浴室门口当然也要有一台能定时的,循环扇也不能少,客厅还要有台超大尺寸的,把冷气的气流引向……引向哪里我忘了,反正他有他的理论,精挑细选买了一整个班级庆生用的超大蛋糕那样大的电扇。

　　"我们家就两个人、一只猫,需要那么多电扇吗?"我晕了。

　　"这你不懂,电扇很重要!"老公一脸专业。

　　"既然有那么多电扇,我们家干吗每个房间都装冷气?"

　　我快疯了,老公不但对电扇着迷,对电池、电器、计算机等电子设备也难以抗拒。我家桌上、厕所、柜子上充满了各种尺寸和不同款式的电池,我完全不知道那些电池躺在那里干吗?晒太阳?电池不是该收在抽屉里吗?

热水瓶坏了,一般人的反应是丢了买个新的,老公却是把它解剖、分尸,不厌其烦地找出死因,然后更换零件,企图让它起死回生。我常求他别修了,一个热水瓶没多少钱,买零件的钱加上他花在研究、修理、测试上的时间,根本不划算。老公不理我,硬要修好,或者等到修坏了,才甘愿买新的。我快受不了他了,每件事都要搞得那么复杂!

"那我问你,我们家已经有那么多书了,你干吗还买个不停?"老公质问。

"每本书都不一样啊,有的是睡前放松心情看的,有的是工作上参考用的,有的是纯娱乐,有的是题材特殊⋯⋯"我闭上嘴巴,发现自己跟老公解释电扇的口吻没什么差别。

好吧,我承认是个购书狂,不但爱买,还爱乱放,厕所放个几本,床头当然也不能少,客厅、书房⋯⋯到处散乱。

老公拎起椅子上的一本小说,一脸严肃地看着我:"它坐在这里干吗?喝下午茶吗?"

我想爱情就是互相忍受彼此的缺点,并把它当作生活的乐趣吧,更高段的,是把它视为对方的优点。

"我的触控笔好像坏了,你会修吗?"我主动问老公,心里盘算着,在他修触控笔的时间里,我可以躺在沙发上看那本新买的小说。

私房秘语:爱就是连他(她)的缺点一起爱。

148 懂，是更深的爱！

"其实我已经看开了，男人嘛，有一好，没两好，你只能选择看他好的那一面。"Angie 一脸洒脱地说。

Angie 总是独来独往，一个人看电影，一个人逛书店，一个人面对生活中的苦与乐。"没办法，我的男友不懂我。"Angie 七分认命、三分无奈地摊手。

Angie 活泼积极，热爱工作与冒险，急着拥抱全世界。她的男友讨厌改变，安于朝九晚五的工作，觉得日子安稳平淡就好。

"干吗一天到晚想东想西，给自己找麻烦，庸人自扰。"他这样形容 Angie。

两人无法参与彼此的世界，也无法理解彼此到底在想什么。

"这样的爱情，你不觉得痛苦吗？"我单刀直入地问。

"不会，我已经看开了！"Angie 认为她的男友对感情专一，孝顺又有责任感，将来会是个好老公，至于心灵上的寂寞，她可以忍受，毕竟，男人有一好，没两好。"做人不能太贪求，样样都要，知足才能幸福。"Angie 说。

"我要的不只是爱我，还要他能懂我，这样的要求过分吗？难道我错了吗？"Claire 一脸委屈。

Claire 的老公是人人称赞的好丈夫，下班准时回家，手机不设密码，不单独和女性友人见面，薪水原封不动交给她。结婚两周年将至，Claire 提出离婚，理由是老公爱她却不懂她。

亲朋好友全把矛头指向 Claire，认为她的老公没犯错，恪尽职守，是她自己有问题。"你已经很好命了，老公对你那么好，还不懂得知福惜福，到底在闹什么？"Claire 的母亲这样说她。

但这不是 Claire 理想中的婚姻，她不要功能不全的老公。

是 Angie 说得对，还是 Claire 有问题？

从小到大，我们总是被教育知足才能常乐。"如果一个男人对你温柔体贴，很懂得说甜言蜜语，那他也会对别的女人一样好，你想要这种花心鬼吗？"我们总是被这样威胁，被迫接受所谓个性老实、不解风情的男人才是上等货。因为有一好，没两好，女人不能那么贪心，既要一个男人是好老公，又要求他是个好情人。

什么有一好，没两好？这种想法着实荒谬，一来强迫女人接受残缺的爱情，二来无形中告诉男人——好男人不必懂女人！只要对女人的生活、对家庭的开销负责，不必花心思去理解女人那微妙善感的心，那是坏男人做的。

搞什么，只在乎责任，不愿意去理解和沟通，只有相守，没有相知，那还是爱吗？还叫婚姻吗？

> **私房秘语**：爱她，还要学着懂她，因为"懂"对女人来说，是更深的爱。

149　光有漂亮还不够！

"两性书不好卖啦，现在的女孩子关心的是减肥、整形、穿衣和化妆术，没有人想去了解两性关系了！"某出版社主编这么劝我，要我打消出版两性情感类图书的念头，顺便开玩笑地问我要不要出一本减肥书？

减肥书……我还真的认真考虑了，我的确拥有丰富的减肥经验，足以出成一本书。说穿了，我也是个爱漂亮的女人，喜欢漂亮衣服，爱逛街，拒绝不了美鞋，憧憬名牌，留心每季时装秀，迷恋瘦身法……我喜欢投入让自己变得更美的各项活动，也相信外表的美丽能让我更有魅力，让男人更为我着迷，然而，想要拥有幸福，光有漂亮还不够！

漂亮只是女人吸引男人驻足的条件之一，好吧，诚实点，是第一条件，但男人与女人之间还存在着一些更复杂、更深层的东西，不仅只是视觉上的吸引。如果你以为想绑住男人，只要漂亮就够，那就大错特错了！随手举例都能证明：太多小三长相输给大老婆，身材也不见得是一般人以为的性感妖娆，她们吸引男人的往往是温柔体贴这四个字。美色出众的女明星，明明外貌条件出类拔萃，却常沦为爱情的输家，为爱所苦，美丽并没有为她们的幸福加分。

我并非想说服你去买一本两性书，换作是我，可能也会把钱花在减肥书上，但是，我想告诉你，光是漂亮真的无法解决两性问题，更无法为你带来幸福人生。漂亮很重要，爱漂亮也很好，但是，除了漂亮，你还必须追求更多，了解更多——怎样才能让男人开口说真心话？如何吵架才能把感情愈吵愈浓？如果双方意见不合，如何有效沟通？万一他的朋友不喜欢我，该怎么办？我到底要黏他多紧，他才不会跑掉？为什么相处久了会没话讲？他对我是习惯，还是喜欢？这些男女相处的问题，并非暂时不用去烦恼，等到事情发生了，上网搜索一下，问问网友意见就行！不管你有多漂亮，男人与女人之间的相处永远需要沟通和学习。

如果你能把花在减肥的时间，挪一点去了解男人与女人的差异，把研究医美的精神展现在探索男女沟通术上，把逛街买鞋的时间花在陪你的男友从事他喜欢的户外活动，我想，绝对会比你积极护肤做脸、保持性感身材对你的爱情更有帮助。

> 私房秘语：男人比你以为的贪心，绝不只想要女人漂亮而已。

150　上一次的赞美

"你上一次赞美你老公是什么时候？"录广播节目时，主持人又出招。

仔细想了一下，"应该是昨天中午吧！"我赞美他煮的东西好吃。

"难怪你跟老公感情好,很多人答不出这个问题。"主持人感性地说。

我不信,拿来做测试,到处问朋友:"上一次赞美另一半是什么时候?"

果然,没几个人答得出来,最常见的答案是——"我想不起来了!"其次则是——"没骂他就不错了,还赞美咧!""大家都忙,根本没机会说到什么话,怎么赞美他?""他都没赞美我,我为什么要赞美他?"

因为从小习惯被要求而非被赞美,长大后我们吝于将赞美说出口,反而容易把要求和抱怨挂嘴边。久而久之,快想不起对方的优点了,脑袋里充斥的都是批评和不满。事实上,你的她(他)真有这么糟吗?一个优点都没有?那你当初怎么会爱上她(他)?

很久以前紫薇老师曾教过我几堂课,其中有一堂是"贵人课",回家作业是每天想办法谢谢三个人。一开始不知道该怎么写,要谢谢谁呢?有什么好谢的?后来发现写不完,谢谢帮我推开厚重大门的陌生人;谢谢帮我结账的咖啡店店员,给我亲切的笑容;谢谢老妈打电话提醒我天气冷了,出门要带外套;谢谢老公每次都不辞辛苦地开车接送;谢谢姊妹淘出国玩没忘了我,买纪念品回来给我;谢谢大厦的管理员帮我代收挂号信,让我可以睡到自然醒,没被邮差吵醒……可以感谢的人好多。

写了一个多月,完全体会到紫薇老师的用意,只要你愿意,身边每个人都是你的贵人。当你常怀感恩之心,面对生活里小小的善意,你不再认为是理所当然,而会看见大家为你费的心、帮的忙。发现身边对你好的人这么多,每天会过得比以前更开心。同样的,你也乐意帮大家的忙,因此,你的身边都是朋友,每个都是贵人。

我认为赞美也是一样,每个人都渴望得到他人的赞美,希望别人能肯定你,但是,你肯定别人了吗?先要怀抱着乐于赞美他人的心,你才会得到更多的赞美。然而,我们却连身边最亲密的人都吝于赞美。

如果你希望从情人嘴里听见好听的话,不如先从自己开始,一天想三个赞美词赞美你最爱的她(他)。

"你好漂亮!""你笑起来好美!""你今天提案表现得很棒!""你说的笑话好好笑!真厉害!"相信你的每一句赞美在对方耳中,都跟"我爱你"一样动听。

> 私房秘语:谢谢大家把我的文章看完,你们好棒!

图书在版编目（CIP）数据

幸福关系实践课 / 刘以飞著. -- 北京：北京时代华文书局, 2022.3
ISBN 978-7-5699-4514-0

Ⅰ.①幸… Ⅱ.①刘… Ⅲ.①恋爱心理学—通俗读物
Ⅳ.①C913.1-49

中国版本图书馆CIP数据核字(2022)第001075号

幸福关系实践课
XINGFU GUANXI SHIJIAN KE

著　　者｜刘以飞

出 版 人｜陈　涛
策划监制｜小马BOOK
策划编辑｜林独醒　小　北
特约编辑｜刘时飞
营销编辑｜米若兰
责任编辑｜张超峰
责任校对｜凤宝莲
封面设计｜鬼　哥
内文制作｜胡燕霞
责任印制｜訾　敬

出版发行｜北京时代华文书局http：//www.bjsdsj.com.cn
　　　　　北京市东城区安定门外大街138号皇城国际大厦A座8楼
　　　　　邮编：100011　电话：010-64267120　64267397

印　　刷｜河北京平诚乾印刷有限公司　电话：010-60247905
　　　　　（如发现印装质量问题，请与印刷厂联系调换）

开　　本｜880mm×1230mm　1/32　印　张｜9.5　字　数｜220千字
版　　次｜2022年3月第1版　　　　　　　印　次｜2022年3月第1次印刷
书　　号｜ISBN 978-7-5699-4514-0
定　　价｜45.00元

版权所有，侵权必究